SHODENSHA
SHINSHO

寺社が語る　秦氏の正体

関　裕二

祥伝社新書

※本書は、『伏見稲荷の暗号　秦氏の謎』（二〇一二年、講談社）に修正を加え、改題し、新書版としたものです。

はじめに

伏見稲荷《ふしみいなり》大社と秦氏《はたし》は、「古代史最後の謎」ではなかろうか。

稲荷信仰最大の謎は、社《やしろ》の数が多いことだ。日本各地で祀《まつ》られ、八幡神《はちまんしん》と並び、社や祠《ほこら》の数で他を圧倒している。その数、約三万といわれ、全国三万社の総本社が、伏見稲荷大社（京都市伏見区）である。

なぜ稲荷神社が、これほど広まったのだろう。その一方で、「なぜ狛犬《こまいぬ》ではなくキツネが結界を守るのか」その理由が、はっきりとしない。

伏見稲荷を祀りはじめたのは秦氏だが、秦氏も謎めく。

この氏族は朝鮮半島南部から日本列島にやってきた渡来人だ。山城《やましろ》地方（山背《やましろ》、京都府南部）に根を張り、殖産につとめ、ヤマト朝廷を豊かにした人々である。

秦氏はアメーバのような存在で、血のつながりで固まっていたのではない、大規模な職能集団で、擬制的《ぎせいてき》血縁関係を結んだと考えたほうがわかりやすい。飛鳥時代に秦河勝《はたのかわかつ》が聖徳太子《しょうとくたいし》に寵愛《ちょうあい》されたという話は有名だが、他の秦氏で歴史に名を残した人物はわずかだった。

もちろん、だからといって、秦氏が日本の歴史に影響力を持たなかったのかといえば、そんなことはない。「日本の基層文化を築きあげたのは秦氏だった」といっても過言ではない。しかも彼らは、渡来系でありながら、土着の（日本の旧来の）信仰や風俗を取り込み、「日本人以上に日本人になった外国人」として振る舞った。そして事実、その後に彼らは日本の産業と文化を下支えする集団に発展するのである。

たとえば、秦氏の稲荷信仰も、伏見稲荷大社の神体山《しんたいさん》・稲荷山《いなりやま》に残されていた土着の信仰と重なっていったらしい。

稲荷山は三つの峰からなるが、それぞれの峰に、前期型の古墳が残っていて、二神二獣《にしんにじゅう》鏡《きょう》や変形四獣鏡《へんけいしじゅうきょう》などの副葬品が見つかっている。このため、四世紀後半にこの地域は祖霊信仰の聖域とみなされていたことがわかる。また、「お塚《つか》」と呼ばれる大量の石造物の中にはストーンサークル（環状列石《かんじょうれっせき》）状に配置された例もあり、信仰の古さを雄弁に物語っている。縄文時代にまでさかのぼる聖地だった可能性が高い。秦氏は、この「日本的な聖地」の上に稲荷信仰を重ねていったわけだ。

また、日本を代表する芸能である「能」は、観阿弥《かんあみ》と世阿弥《ぜあみ》によって体系化されたが、彼らは秦氏と同族だった。民俗信仰のあれこれを拾っていくと、やはり秦氏がからんでいる場合が少なくない。しかも、秦氏がからんだ職能や芸能は、多くが「差別される人々」のそれなのである。

なぜ、古代で最大の勢力を誇り、日本の基礎を築いた秦氏が、差別される民に変貌していくのか。なぜ稲荷信仰は、日本各地に伝播《でんぱ》していったのか。なぜ日本人は、秦氏の信仰を受け入れていったのか。それにもかかわらず、なぜ秦氏の末裔《まつえい》たちは、差別される民になっていったのだろうか。

稲荷信仰と秦氏の足跡を追って驚かされたのは、被差別民が誕生したきっかけが朧気《おぼろげ》ながら見えてきたことだ。秦氏は権力者を利用し、また権力者に利用されて生きながらえたが、その過程で、ある重い十字架を背負い、それがきっかけで賤《いや》しめられていくのである。

では、いったい秦氏は何をしでかしてしまったのか。

古代史最後の謎を、解き明かしてみたい。

関《せき》　裕二《ゆうじ》

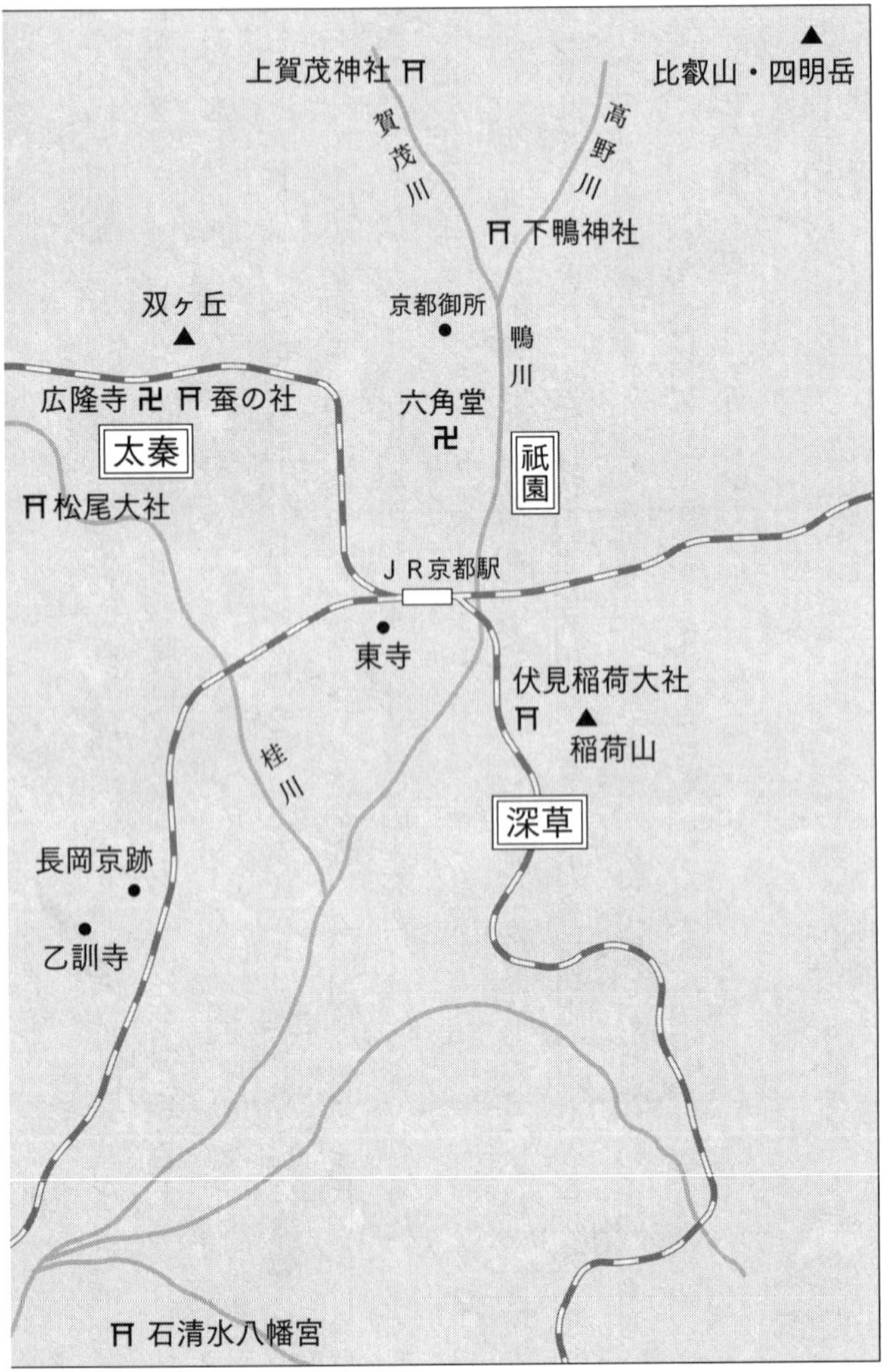
上賀茂神社
比叡山・四明岳
賀茂川
高野川
下鴨神社
双ヶ丘
京都御所
鴨川
広隆寺
蚕の社
六角堂
太秦
祇園
松尾大社
ＪＲ京都駅
東寺
伏見稲荷大社
稲荷山
桂川
深草
長岡京跡
乙訓寺
石清水八幡宮

本書に登場する寺社と地名

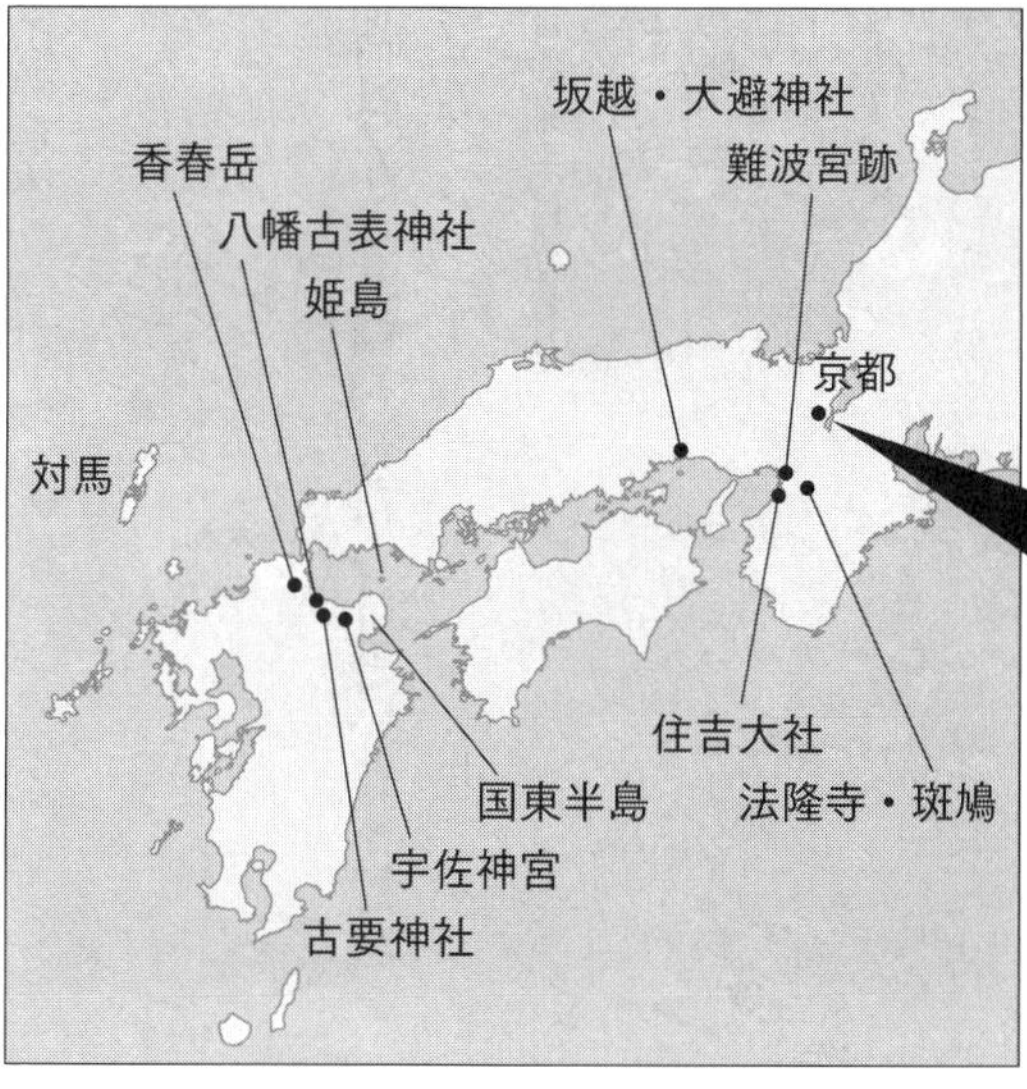

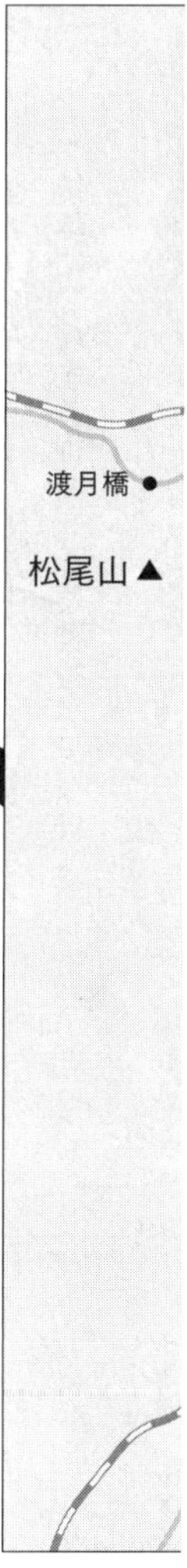

目次——寺社が語る　秦氏の正体

第二章　太秦《うずまさ》広隆《こうりゅう》寺《じ》と祟る秦氏の謎　51

第一章　日本はお稲荷《いなり》さんと八幡《はちまん》神社だらけという不思議

神社に集《つど》う男と女

黒澤明《くろさわあきら》晩年の映画『夢』の一コマに、「日照《ひで》り雨」がある。狐が、森の中、列をなして歩いていく。狐の嫁入りである。そして、それを木陰《こかげ》から見守る少年。

少年の存在に気付いているのかいないのか、それは定かではない。けれども、ふとした瞬間に、狐たちがいっせいに、こちらを振り向く。その緊張感……。

高い評価を得た映画ではない。けれども筆者は『夢』が大好きで、とくに狐の嫁入りのシーンには日本人的な感性の特異性を強烈に印象づけられた。

狐の嫁入りを見てしまった少年に対し、母親は短刀を手渡し、狐たちに死ぬ気で謝《あやま》れと迫る。ここにも、大自然や動物たちと共存してきた過去の日本人の、「大自然を畏怖《いふ》し、畏《かしこ》まる」という多神教的発想が、垣間《かいま》見える。そして、この「日本的な映像」の主役に抜擢《ばってき》されていたのが、「キツネ」だったことは無視できない。

キツネといえば、稲荷神社を思い浮かべる。全国で祀《まつ》られるお稲荷さんの代表である、京都の伏見稲荷は、すでに平安時代から、多くの日本人に愛された神社であった。

平安時代末期に成立した『今昔物語集《こんじやくものがたりしゆう》』の巻第二十八は、「笑話」をまとめたものだが、第一話（「近衛舎人共《こんゑのとねりども》稲荷《いなり》詣《にまうで》重方《しげかた》値女語《をむなにあふこと》第一」）は、伏見稲荷が舞台である。

この中で、すでにこの時代、稲荷詣《もう》でが盛んに行なわれていたことがわかる。

あらすじは、次のようなものだ。もちろん、話は「今は昔」で始まる。


二月の初午《はつうま》の日は、昔より京中の老若貴賤《ろうにゃくきせん》、ありとあらゆる人々が、伏見の稲荷社に参詣する日だ。そんな中でも、とくに参詣人《さんけいにん》が多い年があった。その日、近衛府《このえふ》の舎人《とねり》（下級役人）たちが、餌袋《えぶくろ》（食べ物を入れる袋）、弁当、酒を下人《げにん》に持たせて参詣した。

お社の近くまでやってくると、きれいな装束《しょうぞく》を身にまとったなまめかしい女性に出会った。その女性は舎人の一行を見ると、小走りで逃げて、木の下に隠れた。舎人たちはすれ違いざまに、淫《みだ》らな言葉をかけたり、顔を見ようとしたりした。その中でも茨田重方《まむたのしげかた》はもとより「好き者」で、妻に焼き餅《もち》を焼かれ、弁解をし、言い争いをするような男だったから、女性に近づき、口説《くど》いた。すると女は、

「奥様のいらっしゃる方が行きずりの出来心でおっしゃることなど、聞く人のほうが、どうかしています」

と、相手にしない。すると重方は、次のように述べる。

「たしかに、私は賤《いや》しい妻を持っているが、顔はサルのようで、心は物売り女と同じだから、離縁を考えています。けれども、ほころびを繕《つくろ》う者がいないのも困ったことで、良い人が見つかれば、すぐにでも、と思っていたところです」

するとは女は、

「それは本当ですか。お戯《たわむ》れでしょう?」

と、尋ねる。重方は、

「これも、長年、伏見稲荷に参詣してきたかいがあって、神が縁を授けて下さった」

と、調子の良いことを言い出す。けれども女は、相手にせず、去ろうとする。重方は手を合わせ、女を拝み、「神様、助けて下さい」と懇願《こんがん》し、

「今からあなたの家にうかがいます。自宅には二度と戻りません」

と述べ、頭《こうべ》を垂れ、拝んだ。

すると女は、何を思ったか、重方の烏帽子《えぼし》の上から髻《もとどり》を摑《つか》み、その頬《ほお》を稲荷山にも響くかという大音声でひっぱたいた。

「何ごと？」

と、重方が仰ぎ見ると、そこにいたのは、自分の妻であった。妻は、「好《す》いた女のもとに行けばいい」と突き放す……。

このあと、話はもう少し続く。結局、重方は笑いものになったということ。そして、自宅に戻って許されるが、後に重方が亡くなると、妻は他の男に嫁いだという。

なぜこのような話に注目したかというと、すでに平安時代末には、伏見稲荷が篤《あつ》い信仰を得ていたこと、多くの人々が、参詣していたことがよくわかるからだ。

さらに、神社に参詣するという行為が、単なる信仰心からだけではなく、「娯楽」の意味も兼ねていたことである。

歴史的な花街が古い神社の近辺に密集しているのは、神社の神に奉仕《ほうし》する巫女《みこ》が零落《れいらく》して、遊《あそ》び女《め》になるからで、「遊び」そのものが、本来「神遊び＝神事」を意味していた。世の男性は、神のおこぼれを頂戴《ちょうだい》しに、神社にお参りしたのである。

また、原始の信仰には、男女の交合《こうごう》と豊穣《ほうじょう》を結びつける発想があった。だから、神社の周辺には、性的な要素が見え隠れする。

たとえば稲荷神社の狐の尻尾《しっぽ》は、男根を表わしているらしい。また、狐を裏返すと、男性器と女性器が結合したさまを表わした置物もあるという。ここに、原始的な「豊穣を願う呪術」のありかを感じずにはいられない。稲荷山を埋め尽くすような「お塚」の起源は、縄文時代のストーンサークルではないかと疑われてもいる。ストーンサークルも、中央にリンガ（男根）を屹立《きつりつ》させたオブジェに他ならない。稲荷信仰の根源には、「男女の交合による再生と豊穣」という、原始の信仰が隠されているのだろう。

稲荷山の土そのものにも、豊穣をもたらす不思議な力が秘められていると、信じられていた。だから古くは、稲荷山の土を持って帰ったし、その土を田畑に撒《ま》いたりもした。

山の土が霊的な力を持っているという例は、『日本書紀』の中から見つけることが可能だ。東征に際し、神武《じんむ》天皇は苦戦したが、神託が下り、天香山《あまのかぐやま》（天香具山、天香久山）の土を採《と》ってきて土器をつくり、その土器を用いて神を祀れば、敵はおのずからなびいてくることを告げられる。

天香山はヤマトの物実《ものざね》（象徴）だったといい、ヤマト建国後間もない崇神《すじん》十年には、謀反《むほん》に際し、謀反人が天香山の土を奪おうとしたと『日本書紀』にはある。

ヤマトの王に立つには、天香山の土を奪う必要があったわけで、豊穣を約束する稲荷山の土の原点が、ここにある。

稲荷信仰が、太古の日本人の信仰形態を継承していることは、間違いない。

京都の神社は渡来系ばかり？

京都を代表する神社といえば、どこを思い浮かべるだろう。

八坂《やさか》神社、北野天神《きたのてんじん》（天満宮《てんまんぐう》）、上賀茂《かみがも》神社、下鴨《しもがも》神社、石清水八幡宮《いわしみずはちまんぐう》、松尾《まつのお》大社が有名だ。そして、この本のテーマである伏見稲荷、さらに、お隣の滋賀県だが、比叡山《ひえいざん》の東麓《とうろく》にあり、平安京と大いにかかわりの深かった日吉《ひよし》大社も、仲間に入れておきたい。

さて、なぜ京都を代表する神社の名を挙げたのかといえば、その多くが、渡来系の人々とかかわっていたからである。

四条通《しじょうどおり》の東の突き当たり、八坂神社（祇園社《ぎおんしゃ》）を創祀《そうし》した八坂造《やさかのみやつこ》は高句麗《こうくり》系の渡来人の末裔《まつえい》だ。石清水八幡宮、松尾大社、伏見稲荷は新羅《しらぎ》系渡来豪族の秦氏が強くかかわっていて、また、日吉大社、上賀茂神社、下鴨神社も、秦氏と強い縁で結ばれている。

こうして見てくると、京都を代表する神社のほとんどが、渡来系氏族の影響下に置かれていたことがわかる。

もちろん、だからといって、「日本に固有の文化などなく、すべて中国や朝鮮半島からの借り物だ」と述べるつもりはない。けれども、「日本人の信仰」と信じられてきた神道なのに、京都の主だった神社は、なぜ「ほぼ渡来系に独占されている」のだろう。

平安時代に二十二社《にじゆうにしや》の制が誕生し、畿内《きない》のおもだった神社の格付けが行なわれた。康保《こうほう》二年（九六五）に十六社がまず指定された。内訳は、伊勢《いせ》、石清水、賀茂、松尾、平野《ひらの》、稲荷、春日《かすが》、大原野《おおはらの》、大神《おおみわ》、石上《いそのかみ》、大和《おおやまと》、広瀬《ひろせ》、龍田《たつた》、住吉《すみよし》、丹生《にう》、木船《きぶね》（貴布禰《きぶね》）で、その後、吉田《よしだ》、広田《ひろた》、北野、さらにあとから、梅宮《うめのみや》や祇園《ぎおん》（八坂）、日吉が加えられ、合計で二十二社となった。

この二十二社には、格付けがあって、伊勢を頂点に、春日までが上七社、大原野から住吉までが中七社、その他が下八社である。

ちなみに、この二十二社の中で、春日、大原野、吉田は藤原氏の神社で、拙著『藤原《ふじわら》氏の正体』（新潮文庫）の中で述べたように、筆者は藤原氏の祖・中臣鎌足《なかとみのかまたり》を百済王子《くだら》・豊璋《ほうしょう》と同一人物とみなすから、これら三社は、百済系渡来人の神社ということになる。

やはり、京都の神社は、ほとんどが渡来系で占められている。

これら、二十二の神社は朝廷の特別待遇を受け、国家の大事には、使者が送られ、奉幣《ほうへい》が行なわれた。

興味深いのは、大神神社や石上神宮など、平安京遷都《せんと》以前の古い格式を備えた大和（奈良県）の名だたる神社が、春日以外みな中七社以下に格下げになっていることだ。

三世紀後半から四世紀にかけてヤマトは建国され、それ以来、朝廷を支えてきた古代豪族の力はそぎ落とされ、『日本書紀』や『古事記』に描かれた神話世界で活躍した神々も凋落《ちょうらく》した、ということなのだろうか。

もしこれが本当なら、日本人にとっての神道とは、いったい何だったのだろう。神道という信仰形態は本当にあったのかという、漠然とした疑念が、浮かびあがってくるのである。

これは、京都だけの話ではない。全国の稲荷社と八幡社を合わせれば、日本の神社の過半数を超えてしまう。どちらも、秦氏と縁の深かった神社だったことは、すでに述べたとおりだ。やはり、渡来系の神社は、日本各地に伝播《でんぱ》していったのである。

稲荷信仰の六つの謎

渡来系の神社がなぜ多いのか、その謎はまだ解き明かすことはできない。その前に、もっと身近な謎から、見つめ直してみよう。

伏見稲荷と稲荷信仰にまつわる謎は、いくつもある。

一番わかりやすい謎は、おびただしい朱色の鳥居ではなかろうか。なぜ稲荷社に限って、鳥居が立ち並んでいるのだろう。京都市の伏見稲荷大社の鳥居は約一万というから驚きだ。ただ、この謎は、意外に簡単なことで、江戸時代以来信者が競って奉納したからだという。庶民の熱烈な信仰心が、あの鳥居の景観を産み落としたのである。

伏見稲荷には、まだまだ謎が隠されている。たとえば民俗学者・山上伊豆母《やまかみいづも》は「稲荷史六つの謎」を掲《かか》げる（谷川健一編『日本の神々 神社と聖地 5 山城 近江』白水社）。

（1）農耕龍雷神《りゅうらいじん》信仰の謎

（2）穀霊《こくれい》白鳥
（3）稲荷祭と御霊会《ごりょうえ》の謎
（4）稲と杉の関係
（5）稲荷神は男神か女神か
（6）神使《しんし》のキツネ

では、それぞれがどのような謎なのか、謎は解けるのか、山上伊豆母の考えを中心にして追ってみよう。

まず、「農耕龍雷神信仰の謎」についてである。

伏見稲荷の社殿の背後には稲荷山があって、山腹に無数の「お塚」が鎮座《ちんざ》する。お塚は、おびただしい数の石やキツネ（神狐）に囲まれた「磐境《いわさか》」で、稲荷講《いなりこう》の人々は山を巡《めぐ》り、お塚にお参りし、線香を焚き「大祓祝詞《おおはらえのりと》」や「大般若経《だいはんにゃきょう》」を唱える、これを「お塚参り」「お山巡《めぐ》り」と呼ぶのである。

山上伊豆母は、ここに、日本人の原始の信仰が隠されているといい、龍雷神信仰だという

奉
納

伏見稲荷の裏にある稲荷山は神体山である。その参拝は、まばゆい朱に塗られた千本鳥居をくぐっていくが、脇に少しはずれると、石造の鳥居、祠、キツネ、碑、玉垣などで構成される「お塚」が累々とつらなり、霊場の空気を漂わせている

のだ。

稲荷山山頂近くには「雷岩」があって、稲荷神は「巳《み》さん」（神蛇《しんじゃ》）の信仰に支えられていた。「雷」と「蛇」は、強くつながっている。

たとえば、『日本書紀』雄略《ゆうりゃく》天皇の条には、雄略天皇が「三諸岳《みもろのおか》（三輪山《みわやま》。奈良県桜井市）の神を見てみたい」とわがままを言い、力持ちの少子部蜾蠃《ちいさこべのすがる》が三諸岳に登り、大蛇を捕らえて奉った。ところが天皇は斎戒《さいかい》をされなかったので、大蛇（原文には「雷」とある）は雷鳴を轟《とどろ》かせ、目を輝かせた。雄略天皇は恐れて目を覆《おお》ってしまわれ、殿中に退かれたとある。少子部蜾蠃は、大蛇を三諸岳に返したのである。

三諸岳の神が「大蛇」で、「雷」と記され、目が輝き、雷鳴が轟《とどろ》いたように、山の神は「龍雷神」であった。

また、お塚巡りは「岩石崇拝」なのだが、岩石そのものが、雷神である。

たとえば『古事記』に、建御雷之男神《たけみかづちのおのかみ》は「イザナギが火神を斬ってその血が湯津石村《ゆついわむら》について生まれた」とある。

いずれにせよ、稲荷信仰が、太古の日本人の信仰と密接にかかわっていたことは、間違いない。

白鳥になった餅《もち》

伏見稲荷の創祀《そうし》が、いつ、どのような形だったのか、はっきりしたことはわかっていない。鎌倉時代の初めに書かれた『年中行事秘抄《ねんちゅうぎょうじひしょう》』には、伏見稲荷の創祀について、「いつ建ったのか、いつ祀りはじめたのか、たしかな初見がない」といい、その上で、当社の禰宜《ねぎ》や祝《はふり》たちは、「この神は、和銅《わどう》年中（七〇八〜七一五）にはじめて伊奈利《いなり》山（稲荷山）に現われた」と述べていると伝えている。

鎌倉中期の『稲荷記』には、「延暦《えんりやく》三年（七八四）に魏《ぎ》国（ようするに中国）から日本に神が移られた」と記される。

いずれにせよ、あいまいな伝承という他はない。ただし、『二十二社註式《にじゅうにしゃちゅうしき》』や『神名帳頭註《じんみょうちょうとうちゅう》』は、和銅四年（七一一）に創祀《そうし》されたと記録し、『年中行事秘抄』の記述とも合致《がっち》し、ほぼこのころ、秦氏が稲荷神を祀り始めたと考えて間違いなさそうだ。

その一方で、伏見稲荷の創祀に白鳥がかかわっていたという伝承がある。これが二番目の

「穀霊白鳥」であるが、この伝承とそっくりな話が、九州に残されている。

そこでまず、『山城国風土記《やましろのくにのふどき》』逸文《いつぶん》の伏見稲荷の成立にまつわる説話を追ってみよう。

稲荷神社が「伊奈利」と称するようになったいわれは、次のようなものだ。

秦中家忌寸《はたのなかつえのいみき》らの遠祖・伊侶具《いろぐ》の秦公《はたのきみ》は、稲や粟《あわ》を積み、富を蓄え、裕福だった。あるとき餅を的にしてこれに矢を射かけたところ、餅は白い鳥になって飛び去り、山（稲荷山）の峰に降りた。すると、白い鳥は伊禰《いね》（稲）となって実った。そこでここに社を築き、神社の名にした。伊侶具の末裔は、先祖の過《あやま》ちを悔いて、社の木を根っこごと引き抜き、家に植えて祀った。今、その木を植えて根付けば福が舞い込み、枯らせてしまえば福が来ないと伝わっている。

これとそっくりな話は、豊前《ぶぜん》（福岡県東部と大分県北部）、豊後《ぶんご》（大分県）の一帯に残されている。たとえば『豊後国風土記《ぶんごのくにのふどき》』の冒頭部分に、次のようにある。

豊後の国は、もと豊前と合わせてひとつだった（豊国《とよのくに》）。第十二代景行《けいこう》天皇は豊国直《とよくにのあたい》（吉《き》備《び》臣と同族）の祖の菟名手《うなで》なる人物に豊国を治めさせたという。

あるとき菟名手は、豊前国の仲津郡《なかつのこおり》（福岡県行橋《ゆくはし》市付近）に行った。日が暮れたので宿ったが、翌朝、北の方角から白鳥が飛来し、集まっていた。さっそく人をやって白鳥の様子を探《さぐ》らせると、白鳥は「餅」になったという。しばらくすると、その餅から里芋の芽が出て花を咲かせ、葉を茂らせた。

その里芋は冬になっても枯れることはなく、菟名手はこれを瑞兆《ずいちょう》と感じ、朝廷に報告した。喜んだ天皇は、

「それは神からの賜《たまわ》り物で豊草《とよくさ》である。だからあなたが治める国も豊国というように」

と命じたという。そこで菟名手に「豊国直」の姓《かばね》を授けたのである。

『豊後国風土記』には、白鳥と稲にまつわる話が多い。

同国速見郡《はやみのこおり》の西南の田野《たの》というところは、広く肥沃《ひよく》な土地があった。その昔、ここの百《おおみ》

姓《たから》が開墾《かいこん》し、あまりに米ができるので、収穫した稲をそのまま田に捨て置くほどだった。奢《おご》りたかぶって、富を蓄え、慢心し、餅を作ってそれを的にして矢を射かけた。するとその餅は白鳥になって南の空に飛んでいってしまったという。この年、この百姓は亡くなり、田は荒れ果ててしまい、水田に適さない土地になってしまった。

『豊後国風土記』逸文にも似た話がある。

豊後国の球珠《くす》郡（大分県玖珠郡九重町《くすぐんここのえまち》）の広い野のある場所に、その昔、大分郡《おおきたのこおり》の人がやってきて、家をつくり、田をつくった。家は富んで、楽しいことばかりだった。あるとき酒を飲んで戯《たわむ》れ事にと、餅を的に矢を射かけると、その餅は白鳥になって飛び去ってしまった。それから先、家はすっかり衰えて、男は行方知れずとなり、農地は荒廃してしまった……。

豊後国と山城国に共通の白鳥伝説があるのは、偶然ではないだろう。というのも、どちらも秦氏ゆかりの地だからだ。

問題は、なぜ「稲」（餅）と「白鳥」が結びついたのか、そしてなぜ、伏見稲荷大社の周辺の伝承に紛《まぎ》れ込んだのか、である。

山上伊豆母は、次のように読み解く。すなわち、穀霊白鳥にかかわりを持つことによって山城の伊侶具は稲荷社の祭祀権を獲得し、かたや豊後の菟名手は、豊国の統治権を保証されたというのだ。しかし、それだけではない秘密を感じずにはいられないのである。

稲荷社は祟《たた》り神を祀《まつ》っている？

伏見稲荷へは、古くから祈雨奉幣《きうほうへい》が行なわれ、朝廷と藤原摂関家《せっかんけ》の篤《あつ》い信仰を得ていた。延久《えんきゅう》四年（一〇七二）三月には、後三条《ごさんじょう》天皇が行幸《ぎょうこう》し、久安《きゅうあん》五年（一一四九）には、近衛《このえ》天皇が行幸された。

また『中右記《ちゅうゆうき》』には、「稲荷御霊会」の記述があり、賑《にぎ》やかな祭りだったことは、『年中行事絵巻』などに記録されている。山上伊豆母が三番目に挙げる謎である。

問題は「御霊会」で、これは平安時代から盛んになった「祟《たた》り封《ふう》じ」のことだ。

京都で代表的な御霊会は、菅原道真《すがわらのみちざね》の祟りを封じ込めるために創祀された北野天神の

「北野御霊会」や、夏の疫神《えきじん》を鎮《しず》めるために始められた八坂神社（祇園天王社《てんのう》）の「祇園御霊会」がある。

御霊信仰《ごりようしんこう》は、奈良時代末から平安時代にかけての凄絶な政争の中で生まれた。井上内親王《いかみないしんのう》と他戸親王《おさべしんのう》、崇道天皇《すどうてんのう》（早良親王《さわら》）らが、冤罪《えんざい》で殺され、あるいは自殺するなど、恨みを抱《いだ》いて亡くなり、祟って出たと信じられ、丁重《ていちょう》に祀られた。これが御霊信仰の始まりで、御霊神社が建てられ、鎮魂のための祀り、御霊会が行なわれたのである。

ところが、伏見稲荷の場合、「これといった対象」がない。稲荷の神が荒々しい神だったという話も、聞かない。それにもかかわらず、なぜ「御霊会」が執《と》り行なわれたのか、その理由が明確ではないのである。

そこで、『山城国風土記』逸文に出てくる伊侶具の過ちを思い浮かべる。伊侶具が餅を射ると餅は飛んでいったという。伊侶具の末裔たちは伊侶具の過ちを悔いていたとある。この、伊侶具の射た餅（白鳥）こそ、秦氏が恐れ、鎮魂しようと考えた対象なのだろうか。しかしこれでは、あまりに漠然《ばくぜん》としていないだろうか。

ここに、もうひとつ大きな謎が隠されているように思えてならない。謎解きは、のちに詳しくしてみたいと思う。

四番目の「稲と杉の関係」であるが、伏見稲荷の創祀は二月午日《うまのひ》だったため、「初午」の日に参詣することが重視された。そして、人々は争って神杉（験《しるし》の杉）の枝を折って持ち帰ったのだった。なぜ「稲の神社」で杉が神聖視されたのだろう。「白鳥と化した餅（稲）が山の峰に舞い下りた」のだから、当初は豊穣を約束する稲穂を神社から分け与えられていたが、しだいに形骸化し、杉の枝が重視されていくようになったのだと、山上伊豆母は考える。

弘法大師《こうぼうだいし》との結びつき

現在の伏見稲荷大社の祭神は五柱だ。宇迦之御魂《うかのみたま》大神（下社）、佐田彦《さだひこ》大神（中社）、大宮能《おおみやの》売《め》大神（上社）、田中《たなか》大神（田中社）、四大神《しのおおかみ》（四大神社）で、もともとは、宇迦之御魂大神だけを祀っていたが、九世紀に佐田彦大神と大宮能売大神が、十二世紀に残りの神が加わって、今日の姿となった。

この宇迦之御魂大神は豊穣の女神で、『日本書紀』に登場する倉稲魂命《うかのみたまのみこと》、『古事記』に登場する豊宇気毘売神《とようけびめのかみ》、伊勢外宮《げくう》で祀られる豊受大神《とようけのおおかみ》の「ウカ」「ウケ」と同一の属性を帯びている。「母なる大地」といわれるように、女性は万物を生み出すという属性を持つ。穀物も食物も、人々に与えてくれるのは、豊穣の女神であり、伏見稲荷の祭神も、女神であったことになろう。

ここで山上伊豆母が五番目に挙げた謎が出てくる。伏見稲荷神社では、ある時期から稲荷の神を「老翁《おきな》」（高齢の男神）と記録し、江戸時代には「稲荷老翁《いなりのおきな》」の神影が版画に描かれ、流布するようになったからだ。

稲荷神が老翁とみなされるようになったきっかけは、空海《くうかい》（弘法大師《こうぼうだいし》）が開いた東寺《とうじ》（教王護国寺《きょうおうごこくじ》、京都市南区）との関係に由来する。空海の母の実家が、伏見稲荷の神官・荷田《かだ》氏（のちに国学者の荷田春満《あずままろ》が出る）であったために、本来まったく縁もゆかりもなかったはずの伏見稲荷と東寺が、信仰上つながっていったと考えられている。その過程で、稲荷神が男神となっていったのである。

稲荷祭のとき、稲荷本社を出発した神輿《みこし》は、東寺に立ち寄った。それはなぜかといえば、弘法大師が入唐《にっとう》するとき、明神が稲を背負った老翁となり、弘法大師と誓ったからだという

（『東寺執行日記《とうじしゅぎょうにっき》』）。

空海と伏見稲荷のつながりは、これだけではない。

稲荷大社の社伝のひとつ『稲荷大明神縁起』には、おおよそ次のようにある。

古老が言い伝えるには、和銅年間以来、稲荷山の三の峰の龍頭太《りゅうとうた》なる者は、当山の麓に庵《いおり》を結び、昼は田を耕し、夜は薪《たきぎ》を切り出すことを生業《なりわい》にしていた。顔は龍のようで、顔の上から光を放っていて、夜でも昼のようだった。人はみな龍頭太と呼んだが、稲を背負っているから姓は荷田氏といった。

弘法大師がこの山で修行を積んだとき、龍頭太に出会い、龍頭太が次のように語った。

「私はこの山の神だ。仏法を守護しようという願いがある。だからあなたが私に真言《しんごん》の法を授けてほしい」

弘法大師は龍頭太を敬い、御神体《ごしんたい》としたという。

ここに登場する「荷田氏」は、秦氏以前の、この地域に土着していた豪族とされている。

『稲荷大明神縁起』には、さらに次のような弘法大師の前世での話も載っている。

弘法大師は天竺《てんじく》(インド)のお釈迦様のもとで修行を重ねていた。あるときお釈迦様は、生まれ変わったら東方の国に赴《おもむ》き、仏法を広めようと思うから、あなたも来るがよい、とおっしゃった。現世にもどった弘仁《こうにん》七年(八一六)の夏、弘法大師は紀州《きしゅう》田辺《たなべ》で異相《いそう》の老翁に出会う。八尺の背の丈《たけ》、一見して凡夫のようだが、内には権化《ごんげ》の相を隠し持っているのだった。この人物が釈迦の生まれ変わりで、稲荷の大明神であった。

弘法大師は「前世の約束は忘れていません」と申し上げ、紀州の老翁を鎮護国家のための密教の霊場・東寺へと誘《いざな》った。老翁は「弘法大師の守り神になろう」と約束する。そして老翁は、稲を担い、椙《すぎ》(杉)の葉を携《たずさ》え、二人の女人とふたりの子を連れて東寺に赴き、稲荷の神として祀られるに至った。

東寺側の縁起にもよく似た話があって、東寺の南大門で、稲を背負い、杉の葉を携えた紀州の老人が、空海に出会い、真言密教を守護することを誓ったという。これが、稲荷の化身

「稲荷老翁」で、この話が絵画となって、稲荷老翁の神影は生まれた。

それはともかく、「釈迦の生まれ変わり＝田辺の老翁」と「荷田氏の祖神・龍頭太」の姿はよく似ている。龍頭太も老翁も、稲を背負っていた。「異形の者が稲を背負っていた」の が稲荷の神の原形だったのだろうか。

けれどもそうなると、豊穣の女神の宇迦之御魂大神はいったいどこに行ってしまったのだろう。稲荷の神影には、童子姿や母神のものもあるというから、話が混乱している。

なぜ稲荷はキツネなのか

稲荷神社といえば、キツネだ。山上伊豆母が挙げた六つの謎の最後である。

神社の鳥居のわきには、狛犬が門番のように待ち構えているが、稲荷社の場合、これがキツネなのだ。なぜ、稲荷信仰とキツネが習合したのだろう。

キツネの神は、別名「命婦神《みようぶがみ》」（命婦専女神《みようぶとうめのかみ》）だ。「命婦」というのは五位以上の女官のことで、なぜか霊狐《れいこ》が、女官と重なっていったわけである。その昔、朝廷内で、恨みつらみが重なっていくと女官たちが呪詛《じゆそ》に励《はげ》んでいたことと関係があるのだろうか。

ちなみに、鎌倉時代の東寺の縁起書には、年老いて稲荷社に参詣できなくなってしまった命婦が、キツネに代わりになってほしいと願い、命婦の称号を譲ると約束したとある。江戸時代になると、さらに色々な伝承が生まれたようで、後三条天皇が伏見稲荷大社に行幸され、稲荷社の老いたキツネに命婦の官を授けたなど、もっともらしい説明がつけられていくが、よくわからない。

伊勢神宮にも、キツネの信仰があったらしい。外宮の祭神・豊受大神や倉稲魂命の霊獣がキツネで、「専女《とうめ》」と呼んでいた。『扶桑略記《ふそうりやっき》』には、伊勢神宮の近辺で「白専女《しらとうめ》」（白狐《びやっこ》）を射殺した者が配流《はいる》になったという記事がある。平安時代中期には、伊勢神宮の地で、キツネが霊狐とみなされていたことがわかる。

もともと秦氏は、獣神と深くかかわっていたのではないか、とする考えがある。欽明天皇《きんめい》即位前紀に、次のような話が載《の》るからだ。これは、秦氏が朝廷に取り立てられたきっかけを記したものだ。ちなみに、欽明天皇は六世紀半ばの人物である。

欽明天皇がまだ幼かったときのこと、夢に人が現われて、次のように語ったという。

「もし秦大津父《はだのおおつち》なるものを寵愛すれば、成人したのち天下を掌握するに違いありません」

伏見稲荷の名物

稲荷山の登山路に続く千本鳥居。「千本」といいながら2~3万本あるという。いまや日本人参拝者より多くの外国人でにぎわっている。

稲荷といえば、キツネ。宝珠をくわえたものや写真のように鍵をくわえたものがある

そこで人を遣《つか》わして探させると、山背国紀郡深草里《やましろのくにきのこおりふかくさのさと》（現在の京都市伏見区）で夢のとおり、大津父を見つけたのだった。大喜びした天皇は、さっそく大津父を呼び寄せ、最近何か変わったことはなかったかと問いただした。すると大津父は、「とくにこれといって変わったことはありませんでしたが、私が伊勢に商売に行って帰ってきたとき、山（稲荷山）で二匹の狼が戦って血まみれになっていました。そこで馬から下りて『あなたたちは貴《とうと》い神で、だから荒々しいことを好まれるが、もし狩人に出くわせば、搦《から》め取られてしまいますよ。だからはやく争いをおやめなさい』と言い、毛に付いた血を拭き取ってやりました。狼はこれで、助かったのです」

と答えた。天皇は、夢は間違っていなかったと直感し、大津父を厚遇し、国も栄えた。そこで即位してのち、大津父に大蔵《おおくら》の管理を任せた、というのである。

先述の山上伊豆母は、ここで秦大津父が「オオカミ」とかかわりを持っていることから、秦氏の動物信仰がオオカミの説話を生み、オオカミが減少したあと、狐を神使とみなすようになっていったのではないかとする。

なるほど、可能性は否定できない。しかし、もう少し違った考えもある。

稲荷信仰は、田の神信仰に重なっていき、だからこそ、「イナリ」は「イネナリ」「イナニ」の言葉と通じると考えられている。そして、キツネが稲荷神の使いと考えられたのも、「御食津神《みけつ》」に「三狐津神」の字を当てたからではないかとする考えもある。

狐は、春から秋にかけて、山から里に現われる。ちょうど稲の種蒔《たねま》きと稔《みの》りの時季《じき》に狐は登場するところから、山に住む農業を守る神＝作神《さくがみ》の使いと、考えられるようになったとされる。

また、稲荷と狐の関係を、神仏習合《しんぶつしゅうごう》と荼枳尼天《だきにてん》の話で語られることも多い。

荼枳尼天は、インドから伝わった神だ。ヒンドゥー教の鬼神《きじん》で、サンスクリット語のダーキニーを音写して「荼枳尼」となり、日本に渡って「天」の一文字が加わった。シヴァ神の妃《きさき》・大母神カーリーの使いで、夜な夜な墓所に集まり、酒池肉林《しゅちにくりん》をくり広げる鬼女だ。人肉を食べる夜叉《やしゃ》で、仏教に取り入れられ、性愛と幻術の神となった。

その一方で、丁重《ていちょう》に祀れば、恩恵をもたらすようになる。この点、日本の多神教的発想における山姥《やまんば》や豊穣の女神に似ている。仏陀に帰依《きえ》した荼枳尼は、今度は煩悩《ぼんのう》を食べる善神になったのだという。

日本では鎌倉時代初期ごろから、稲荷信仰と狐が重なり、一方で、諸願成就の外法《げほう》（異教から取り入れた法）として荼枳尼天の修法《しゅほう》が広まり、近世に至り、もっぱら修験者が執り行なった。また、狐神信仰と習合して、今日に至る。

荼枳尼はもともとヒンドゥー教や仏教と関わりが深かったが、中国の道教の影響を受け、霊狐使いの女巫《めかんなぎ》だったとする説（松前健《まつまえたけし》『稲荷明神』筑摩書房）がある。

同様にキツネの信仰を陰陽五行《いんようごぎょう》で説明しようとするのが、吉野裕子《よしのひろこ》である（『ものと人間の文化史 39 狐』法政大学出版局）。

狐の体毛は黄色で、この色は陰陽五行では「土気《どき》の徳」を有すると考える。土気は大地で、穀物は大地から生まれるがゆえに、狐は穀物神となった。とくに唐の時代、中国では狐神崇拝が盛んになった。そのいっぽうで、狐は美女に化け、男をたぶらかして殺し、男に成り代わって女を犯す妖怪と信じられていた。

このように、中国では狐に関して、二種類の見方があったが、日本では、陰陽五行の原理をきっちりと守り、応用した、と吉野裕子は言うのである。

たとえば、狐の属性「土」＝「地」は、「天＝陽」に対する「陰」で、狐が陰獣、婬獣で女に化けるのは、陰陽五行で説明がつくとする。

吉野裕子は、頭が小さくお尻が大きいという狐の形は、「瓠《ひさご》」（ヒョウタン）によく似ているとする。また、「狐」は「瓠《こ》」に通じ、瓠は神祭用の器となる。瓠をふたつに割った柄杓《ひしゃく》は、北斗七星《ほくとしちせい》に似ている。

いっぽう北斗七星は、太一《たいいつ》（北極星《ほっきょくせい》）を周回するゆえに、天帝である太一の乗り物とされ、不動の太一を輔弼《ほひつ》するものと考えられた。また、「天の大時計」となって、農業の「暦《こよみ》」として欠かせないものだった。

北斗七星は、季節、五行の調和、豊穣を司《つかさど》る、天を代表する星座だと、吉野裕子は指摘する。

この考えに従えば、日本土着の豊穣を司る女神と、陰陽五行の北斗七星が習合し、北斗七星によく似た狐が尊ばれたということになる。

法然《ほうねん》と応神《おうじん》天皇のつながり

このように山上伊豆母が掲げた伏見稲荷の六つの謎を追ってきたが、ほとんどの謎が解けずに残されているのが実情なのだ。

ただ筆者は、これらの謎に、あまり深い関心がない。それよりも不思議でならないのは、なぜ稲荷信仰が全国に広まり、多くの社や祠《ほこら》が建てられたのか、という一点である。

もちろん、江戸時代に流行神となり、もてはやされたという側面もある。けれども、近世以前にも、稲荷信仰は深く民衆に根を下ろしていたのだから、「なぜ稲荷神なのか」は、大きな謎である。

稲荷信仰だけではない。八幡神も、やはり日本中に分霊、分祀《ぶんし》されていったが、稲荷信仰も八幡信仰も、どちらも秦氏がからんでいるから謎めくのだ。

なぜ、「秦氏の信仰」を、多くの人々が受け入れていったのだろう。くどいようだが、秦氏は渡来人である。つまり、稲荷信仰最大の謎は、「なぜ渡来人が祀っていた神を日本人がありがたく受け入れたのか」ということではないだろうか。伏見稲荷の本当の謎は、ここにある。

そして、稲荷をめぐる謎は、「秦氏とは、何者なのか」でもある。われわれは、この氏族のことに、あまりに無知であった。「ユダヤ系ではないか」と取り沙汰されもするが、そこに気を取られるあまり、深くこの一族のことを考えてこなかったのではあるまいか。

秦氏は平安時代の末には歴史から消える。氏族が滅びたというのではなく、中央政界で活躍することがなくなったのだ。その代わり、意外な場所に姿を現わしている。鎌倉仏教である。

専修念仏《せんじゆねんぶつ》を提唱し、浄土宗《じょうどしゅう》を開いた法然《ほうねん》は、鎌倉仏教界をリードしたひとりだが、父母ともに秦氏の末裔なのだ。そして、法然の伝記『法然上人行状絵図《ほうねんしょうにんぎょうじょうえず》』は、法然が秦氏であることを、強調しているのである。

たとえば、第一巻の法然誕生のシーンは、次のような話だ。

法然の両親は、子供が授からないことを憂《うれ》え、心をひとつにして仏神に祈った。秦氏（母親）は剃刀《かみそり》を呑む夢を観て、懐妊した。父親は、「汝《なんじ》が孕《はら》んだ子は男子で、一朝《いっちょう》（朝廷）の戒師になるだろう」と感じた。法然が産まれ落ちるとき、紫雲《しうん》天にそびえ、白旗二流《ふたながれ》飛び来たり、椋《むく》の木の枝に掛かった。奇瑞《きずい》が起こり、七日後に、天に帰っていった。これ以降、その木を両幡《ふたはた》の椋の木と名付けた。

さらに説話は、この奇譚の意味を、次のように補足する。

昔、応神《おうじん》天皇がお生まれになったとき、八《や》つの幡《はた》が下ってきた。それは、応神天皇が、仏教に説くところの正しい行ない＝八正道《はっしょうどう》に住していた（守っていた）からだ。この有り様は、上人《しょうにん》（法然）の時と同じだ。

と述べ、「さだめてふかきこころあるべし」と結んでいる。深く強い縁で応神天皇と法然はつながっていたというのである。

この「八の幡」の話、大分県宇佐《うさ》市の宇佐神宮周辺に残された伝承で、「八幡神＝応神天皇」が誕生（降臨）したときの話なのだ。

応神天皇は第十五代天皇で、秦氏とは血縁がない。それにもかかわらず、なぜ「深く強い縁」があったというのだろう。

鎌倉時代の宇佐の僧・神吽《じんうん》が記した『八幡宇佐宮御託宣集《はちまんうさぐうごたくせんしゅう》』（『宇佐託宣集《たくせんしゅう》』）に、次の有名な一節がある。

辛国《からくに》の城《き》に始めて八流《やつながれ》の幡《はた》を天降《くだ》して、吾《われ》は日本の神となれり

「辛国の城」がどこを指しているのか、定説となるものはない。ただ、話の中に出てくる「幡」は、「秦」に通じるとされている。というのも、宇佐神宮のある地域は、秦系の人々が密集していたからだ。

『隋書《ずいしょ》』倭国《わこく》伝には、筑紫《ちくし》の東側に「秦王国《しんおうこく》」があって、その土地の人は「華夏《かか》」（中国）の人のようだ、と記している。ちなみに、ここにある「王国」は、独立国の意味ではない。新羅系渡来人・秦氏の、強い地盤だったのである。

秦王国のあった場所は、大分県周辺と思われるが、実際に八世紀初頭の豊前国の戸籍を調べると、新羅系の渡来人が住民の七割から九割を占める集落が存在していたことがわかる。『隋書』倭国伝の記事は間違っていなかったのだ。そして、八幡信仰の中心・宇佐神宮は、まさに秦王国の中にあった。

そして、ここで注目したいのは、「八幡」が、「秦」とつながっていたこと、その八幡の神話じみた話（八流の幡）を、法然の「二流の幡」伝説が継承していたことである。

法然と周辺の人々が「法然は秦氏の末裔」であったことを強く意識していたことは間違いないし、法然がそうであったように、日本人は秦氏が密接にかかわった宇佐の八幡神や伏見の稲荷神の強い影響下に置かれていたのである。

神話に登場する神々を祀る神社の数は少ない

そこで改めて不思議に思うのは、秦氏と日本人の信仰形態のことである。

日本人の信仰といえば、神道と仏教がすぐに思い浮かび、また、歴史に詳しい方なら、平安時代以降、神道と仏教が習合していったことをご存じであろう。明治維新に至るまで、神社と仏寺は共存し、同じ境内で並んで祀られていることも普通だった。

その中でも神社の数でいえば、八幡社と稲荷社を合わせて全体の過半数を占めていたのである。神道を日本古来から続く信仰形態と位置づけることができるなら、なぜ神社の多くが秦氏系の八幡社と稲荷社で塗り固められていったのだろう。

もちろん、八幡信仰が隆盛するきっかけをつくったのは、奈良時代の聖武《しょうむ》天皇や、中世の鎌倉幕府であったかもしれない。時の政権の強い「引き立て」がなければ、八幡信仰がここまで広まることはなかっただろう。とくに、聖武天皇の場合、後に触れるように、宇佐の地域と秦氏の力を借りなければ、東大寺《とうだいじ》建立《こんりゅう》の夢を果たせないという切羽《せっぱ》詰まった事情も隠されていたように思う。

また、伏見稲荷の信仰と真言密教の東寺が重なり、各地に伝播していく原動力を得たのも、一方の事実である。

そうはいっても、八幡社と稲荷社の数は他の神社に対して圧倒的すぎる。これを偶然と済ませておいてよいのだろうか。

そしてなぜ、秦氏は朝鮮半島から渡来してきたのに、独自の信仰形態を堅持《けんじ》せず、日本的な信仰形態を選択しようとしたのだろう。

筆者がもっとも謎に思うのは、『古事記』や『日本書紀』の神話に登場する神々ではなく、秦氏が祀る神が、日本各地で受け入れられていったことにある。

「神道の根幹に神話がある」というこれまでの漠然とした常識は、本当に正しいのかを疑ってかかる必要がありそうだ。なぜ、伊弉諾尊《いざなぎのみこと》、伊弉冉尊《いざなみのみこと》、天照大神《あまてらすおおみかみ》、大国主神《おおくにぬしのかみ》、大物《おおもの》主神《ぬしのかみ》、事代主神《ことしろぬしのかみ》や経津主神《ふつぬしのかみ》、武甕槌神《たけみかづちのかみ》、天津彦彦火瓊瓊杵尊《あまつひこひこほのににぎのみこと》といった、神話に登場する神々を祀る神社が、「思いのほか少ない」のか。

そして、なぜ渡来系の幡氏の信仰を、多くの人々が受け入れていったのか、平安時代末には、もはや秦氏は政治力を失い、中央政界から姿を消し、没落していたはずなのだ。

「古代史に名を残した秦氏」は、意外に少ない。「秦河勝《はたのかわかつ》」が、唯一の有名人といっても過《か》言《ごん》ではない。中央政界において、秦氏は隠然《いんぜん》たる影響力を与え続けていたかもしれないが、だからといって、蘇我《そが》氏や物部《もののべ》氏、大伴《おおとも》氏や藤原氏らと、対等の発言力を有していたわけではないのである。

それにもかかわらず、なぜ法然のような人物が現われ、「祖は秦氏」であることを強く意識し、さらに、八幡神や稲荷神は、多くの人々の信仰を集めていくことになったのだろう。

ここに、大きな謎が現われてくるのである。

そこで次章では、秦氏とは何かについて、考えてみたい。

第二章

太秦《うずまさ》広隆寺《こうりゅうじ》と祟る秦氏の謎

聖徳太子《しょうとくたいし》と秦氏を結ぶ京都最古の寺

江戸の町には、「犬の糞《くそ》」の数ほど稲荷社が祀られていた。けれども江戸の庶民は、稲荷信仰と秦氏がつながっていたことなど、知るよしもなかったであろう。古代豪族・秦氏の存在そのものさえ、知らなかったのではあるまいか。

けれども問題は、なぜ稲荷信仰が渡来豪族の手で創祀されながら、「日本人」の皮膚そのものになっていったのか、にある。なぜ多くの庶民に、違和感なく、自然に受け入れられていったのだろう。

伏見稲荷の謎は、渡来豪族・秦氏の謎でもある。

秦氏は巨大なネットワークを構築した、日本最大の豪族であった。有名人こそ少ないものの、古代史上に現われる人名では、秦氏関係が最多とされている。彼らは日本各地の治水事業に携わり、開墾《かいこん》事業を展開し、拠点をつくってもいる。記録に残っているものだけでも、三十二カ国八十一郡に及んでいる。

秦氏が住んでいたという「国」だけを挙げておくと、以下のとおりだ。

［畿内］山背《やましろ》（山城）国、大和《やまと》国、河内《かわち》国、摂津《せっつ》国、和泉《いずみ》国、［東海道］伊勢国、遠江《とおとうみ》国、伊豆《いず》国、相模《さがみ》国、武蔵《むさし》国、［東山道］近江《おうみ》国、美濃《みの》国、上野《こうずけ》国、下野《しもつけ》国、［北陸道］若狭《わかさ》国、越前《えちぜん》国、加賀《かが》国、越中国、［山陰道］丹波《たにわ》国、但馬《たじま》国、［山陽道］播磨《はりま》国、美作《みまさか》国、備前《びぜん》国、備中《びっちゅう》国、周防《すおう》国、［南海道］紀《き》伊国、阿波《あわ》国、讃岐《さぬき》国、伊予《いよ》国、土佐《とさ》国、［西海道］筑前《ちくぜん》国、豊前国

　東北地方を除けば、秦氏はほぼ全国に拡散していたことがわかる。これほどの広域に勢力を伸ばした古代豪族は、他には物部氏ぐらいのものだろう。それでいて、秦氏が中央政界で大活躍したかというと、そのようなことはない。くり返すが、歴史上、著名な人物といえば、秦河勝《はたのかわかつ》ぐらいのものだ。彼らは「縁の下の力持ち」として、古代日本の発展に寄与したのだ。なぜ、これだけの大勢力でありながら、秦氏は中央政界で活躍できなかったのだろう。ここに、秦氏をめぐる大きな謎が隠されている。

　そこで気になるのは、秦氏の正体である。秦氏がどこから日本に渡ってきたのか、出自を何処《どこ》に求めればよいのかについては、徐々に述べていくが、ここで注目しておきたいのは、

太秦《うずまさ》の広隆寺《こうりゅうじ》（蜂岡寺《はちおかでら》。京都市右京区）である。

伏見稲荷と並んで、秦氏が信仰の対象にしていたのが広隆寺で、伏見稲荷がそうであったように、こちらも、「日本的な香り」を放つお寺だ。ところが、細かいところに目をやると、すこし「普通とは違う」と、気付くはずだ。

たとえば、上宮王院太子殿《じょうぐうおういんたいしでん》（本殿）には、寄進された多くの額縁が飾られるが、その中に大きく五芒星《ごぼうせい》が描かれたものがあって、「秦氏がイスラエルの地からやってきたからだ」と、まことしやかに語られているのである。

また、広隆寺の井戸は「イスラエルの井戸」ではないかと、疑われている（理由はのちに触れる）。

だから、広隆寺を訪ねると、若者たちが、「これだよ、ほら」といって、掲げられている五芒星を見つけては、したり顔に頷《うなず》きあっている光景に、よく出くわすのである。

では本当に、広隆寺はユダヤと関係があるのだろうか。

そこでまず、広隆寺の歴史をふり返ってみよう。

太秦の広隆寺といえば、国宝第一号・弥勒菩薩半跏思惟像《みろくぼさつはんかしいぞう》（宝冠弥勒《ほうかんみろく》）で有名だ。ドイツの実存哲学者カール・ヤスパースがギリシア彫像や他のキリスト教的芸術品を超越していると絶賛したことでも知られる。人間実存の最高の理念だというのだ。

理屈でいわれても、よくわからないが、日本の仏像が美しいことはたしかだ。拙著『仏像と古代史』（ブックマン社）で述べたとおり、世界レベルであり、日本人は自らの美的感性を誇ってよい。その点、夜郎自大《やろうじだい》の誹《そし》りを承知で述べるならば、日本の仏像は世界中のどの彫刻よりも洗練され、霊性を帯びている。これは、紛《まぎ》れもない事実である。その中でも、広隆寺の弥勒菩薩は、一級品の部類に入るのは、当然のことだ。

ところで広隆寺は、地元の人間には、中世以来「太秦のお太子さん」と親しまれてきた。聖徳太子と広隆寺は強く結ばれていたらしい。両者を結びつけるのが、弥勒菩薩半跏思惟像である。

『日本書紀』によれば、推古《すいこ》十一年（六〇三）十一月一日、皇太子（聖徳太子）は諸々の大夫《まえつきみ》に次のように述べられた。

「私は尊《とうと》い仏像を持っている。誰か、この像を得て、拝みたいという者はいないか」

時に、秦造《はたのみやつこ》河勝が進み出て、次のように申し上げた。

「私が拝みます」

太子から仏像を受け取った河勝は、蜂岡寺（広隆寺、秦公寺《はたきみでら》）をつくった。蜂岡寺の本尊は、現存する弥勒菩薩半跏思惟像のこととされている。

『広隆寺縁起』には、最初に九条河原《くじょうかわら》里に建てられ、その後、現在の場所に移ったとある。また、秦河勝は推古三十年（六二二）に聖徳太子のために寺を建てたという。聖徳太子が亡くなられた年に当たる。

『日本書紀』推古三十一年（六二三）秋七月に、新羅《しらぎ》の使節団が来朝し、仏像と金塔《こんとう》と舎利《しゃり》、大灌頂幡《だいかんじょうばん》、小幡《しょうばん》を貢上《こうじょう》したが、そこで仏像は葛野《かどの》（京都盆地西部一帯）の秦寺《うずまさでら》（広隆寺）に安置し、その他は四天王寺《してんのうじ》に納入した、と記録される。

延喜《えんぎ》十七年（九一七）に編まれた『聖徳太子伝暦《しょうとくたいしでんりゃく》』（藤原兼輔《ふじわらのかねすけ》撰）によれば、蜂岡寺（広隆寺）の建立は推古十二年（六〇四）のことだったという。経緯は以下のとおり。

聖徳太子は斑鳩《いかるが》（奈良県）から北の方角（山城）の美しい村の夢をみた。奇瑞《きずい》があった上に秦河勝らの親族たちにもてなされたという。秦河勝は、「それは葛野のことです」と申し上げ、太子は実際に訪ねてみたのだった。すると、地形が優《すぐ》れ、四神相応《しじんそうおう》の土地であった。そこで太子は、自分が入滅して二百年後には、都はここに遷《うつ》されるだろうと予言した。そして太子は、秦河勝に命じて、蜂岡寺を建立させた。

このように、『日本書紀』の記録とは微妙に話の内容が異っている。建立が一年違い、すでに聖徳太子は葛野を訪ねていたという。どの証言が正確か、判断しかねるが、少なくとも、山城（京都府）最古の寺院が広隆寺であったことは間違いない。

広隆寺の不運は、平安遷都《へいあんせんと》後間もない弘仁《こうにん》九年（八一八）四月二十三日、火災に見舞われ、堂塔僧房《どうとうそうぼう》のすべてが灰燼《かいじん》に帰したことだった。創建から二百十余年後の悲劇である。

こののち別当《べっとう》に任ぜられた道昌僧都《どうしょうそうず》が、広隆寺を再建していく。道昌は讃岐《さぬき》国（香川県）の出身。弘法大師《こうぼうだいし》の弟子で、俗姓は秦氏だった。長く三論宗《さんろんしゅう》だった広隆寺が真言化していくのは、このためだ。ちなみに三論宗が日本にもたらされたのは、推古天皇の時代で、飛鳥《あすか》の法興寺《ほうこうじ》（元興寺《がんこうじ》）が三論宗だった。南都六宗《なんとりくしゅう》のひとつでもある。

このように、聖徳太子と縁の深かった秦氏が、地盤である山城に建立した寺院が広隆寺であった。

広隆寺にユダヤの痕跡《こんせき》が隠されている？

聖徳太子と秦河勝ゆかりの古刹《こさつ》、それが広隆寺である。ところが、「ここはユダヤと深くつながっている」と、信じている人たちが多い。

すでに明治四十一年（一九〇八）、東京高等師範学校の教授・佐伯好郎《さえきよしろう》は、秦氏がシルクロードのはるか西方のユダヤから流れ流れて、五世紀後半に日本にたどり着いたイスラエルの遺民だったと推理をしていた。その根拠はどこにあるのだろう。

広隆寺のすぐ近くに、大酒《おおさけ》神社（広隆寺桂宮院《けいきゅういん》の鎮守社）がある。「大酒」はかつては「大辟」と書いたが、「辟」に「門」をかぶせると、「大闢《だいびゃく》」となる。これは、中国では「ダビデ」を意味する。つまり、イスラエル王ダビデの漢訳が「大闢」であるから、大酒（大辟）神社とユダヤがつながってくるというのである。

また、広隆寺旧境内の端に位置する「蚕《かいこ》の社」（木嶋坐天照御魂《このしまにますあまてるみむすび》神社）の「元糺《もとただす》の池」には、日本で唯一とされる「三柱鳥居《みはしらとりい》」がある。三つの鳥居をくっつけて、真上からみると

蚕の社にある三柱鳥居。周辺を元糺の森に囲まれる。全体の形状の特異さに目を奪われるが、柱も通常の円形ではなく八角形となっている

正三角形になる、その中心に、小石を積み上げた組石の神座《かむくら》が設けられた珍しい鳥居だ（ちなみに、東京墨田区《すみだ》の三囲《みめぐり》神社には、三井家の邸宅より移されたという同型の三柱鳥居がある。この他に著者は、長崎県対馬市《つしま》で、木製の三柱鳥居を見たことがあるが……）。

佐伯好郎は、正三角形を二つ重ねれば、ユダヤの六芒星、ダビデの星になるのだから、太秦とユダヤを結びつける証拠になる、と指摘するのである。

このような発想は、今日にも継承され、数々の推理が飛び出している。

たとえば、広隆寺境内のすぐ西には「伊佐良井《いさらい》」という井戸があって、「イスラエルの井」の訛《なま》ったものだという。

ではなぜ、太秦の地にこのような奇妙な痕跡が残されているのだろう。エルサレムの地を追われたユダヤ民族は、七つに分かれて世界を流浪し、その一団の行方が定かではなく、彼らは中国を経由して、日本にたどり着いたのではないか、という。つまり秦氏は、「ユダヤ遺民」ということになる。

また、中国の唐《とう》の時代、長安《ちょうあん》には大秦寺《だいしんじ》があって、景教《けいきょう》寺院が実在した。景教（大秦景教《だいしんけいきょう》）とは、キリスト教のネストリウス派で、西暦四三一年にエフェソス公会議で異端と決ま

広隆寺の不思議

弥勒菩薩であまりにも有名だが、この寺の本尊は聖徳太子である。なぜ聖徳太子を祀ることになったのか？

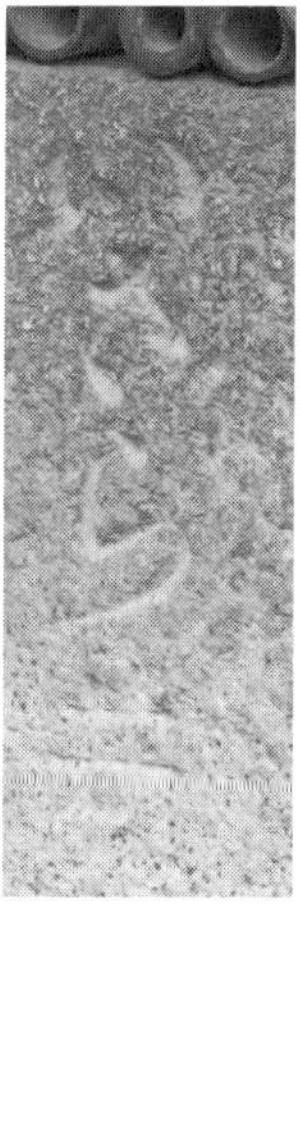

広隆寺桂宮院（けいきゅういん）真裏の境外、民家の軒先にある井戸（左下写真）。その前面に「いさら井」と彫られている

り、追放されている。東方に逃れた信者は、ペルシアで受け入れられ、やがて唐の時代、中国に伝わった。ペルシアの僧・アラホン（阿羅本《あらほん》）が団長となって、伝道団が長安にやってきたのだ。西暦六三五年のことである。

秦氏とキリスト教のつながりに関して、太秦の「うず」は“Ishu”（イシュ）＝“Jesus”（イエス）、「まさ」は“Messiah”（メシア）の訛りだとする説や、景教の「大秦《だいしん》」が、秦氏の「太秦」（うずまさ）につながってくるという説もある。

景教は実際に日本にも伝わっていたと考えられている。西暦七二〇年に完成した『日本書紀』に、「キリスト生誕説話」とそっくりな話が載っているからだ。それが、厩戸《うまやとの》皇子《みこ》（聖徳太子）の誕生にまつわる奇譚《きたん》である。

推古元年（五九三）夏四月の条には、厩戸豊聡《とよと》耳《みみの》皇子《みこ》を皇太子に立て、摂政《せっしょう》にしたことが記され、その直後に誕生の経緯が述べられる。

母・穴穂部間人皇女《あなほべのはしひとのひめみこ》が出産される日に、禁中（宮中）を巡られ、官司を視察された。馬《うまの》官《つかさ》（馬を飼育し管理する役所）の前に来たとき、厩《うまや》の戸にあたり、労せず皇子を出産された……。この話が、「キリストは馬小屋で生まれた」という話と通じているのではないかとする学説がある。もちろん、唐に伝わってきた景教が、日本に「キリスト生誕説話」をもたらした可能性がある、というのである。

ユダヤ禍《か》論から日ユ同祖論へ

このように、秦氏や広隆寺（太秦）周辺には、謎が満ちている。

けれども、秦氏が景教とともに来日したわけではないだろう。景教が中国に伝わってきたのは七世紀半ばのことだ。秦氏が来日したのは、五世紀ごろと考えられている。したがって、時代が合わない。

また、秦氏がエルサレムからやってきたのかといえば、首をかしげざるを得ない。

こののち触れるように、秦氏は「日本人以上に日本人的になった渡来人」なのであって、多神教的で現世利益《げんせりやく》的な信仰を受け入れた人々であった。排他的な一神教を携えてシルクロードを流浪してきたとは、とても信じられないのである。

そして、ここで指摘しておきたいことがひとつある。

たしかに、シルクロードを伝って、長い道のりを多くの人たちが行き交《か》ったであろうし、遠く離れた地域から、色とりどりの文化や民族が日本列島に渡ってきたのは事実で、これを否定するつもりはない。

しかし、「日ユ同祖論」という、日本とユダヤを結びつける発想が、すでに明治時代から唱えられていたこと、その背景に、ユダヤが世界支配を目論《もくろ》んでいるとする「ユダヤ禍《か》」(「禍」は、わざわいを及ぼすこと)の発想が横たわっていたことは無視できない。ユダヤ人の陰謀によって、日本も滅亡の危機に瀕《ひん》していると唱えられていたのだ。そして、一部の国粋主義者たちは、「ユダヤ禍ゆえの日ユ同祖論」を唱え始めるのである。

秦氏とユダヤを結びつける発想の根底にこのような思想的背景が横たわっていた事実に、まず留意しておく必要がある。

それにしても、「ユダヤ禍」がなぜ、「日ユ同祖論」につながっていったのだろう。これは、一見すると矛盾のようにも思える。

「ユダヤ禍論」を強く唱え始めたのは、陸軍の軍人たちだった。彼らは、大正七年(一九一八)のシベリア出兵にかかわりを持った人たちだ。シベリア出兵とは、この前年に勃発《ぼっぱつ》したロシア革命に干渉するために、日本、アメリカ、イギリス、フランス、イタリア、中国の連合軍が、兵を繰り出した事件である。

寺内正毅《てらうちまさたけ》首相らは、出兵に消極的だったが、ウラジオストク市で日本人が襲撃され、殺傷されると、日英の陸戦隊員が居留民保護の目的で市内警備に出動し、出兵への第一歩となった。

このとき、ヨーロッパでは第一次世界大戦の真っ最中で、参戦に消極的だったアメリカが態度を転換すると、日米共同でシベリアに陸軍を派遣することになった。

ところが一九二〇年になると、連合国軍の足並みは乱れていく。日本が連合軍との協定を破り、七万三千という大軍をウラジオストクから満州、ザバイカル方面に進出させると、領土的野心を見透《みす》かされたのだ。結局「干渉に対する批判の声」が高まる中、各国は引き上げを模索し、日本だけが居留民を守るという目的を掲《かか》げたまま、孤立することとなった。

やがて、なんの成果を得ることもないまま、ずるずると戦死者が増え続け、さらに出費もかさみ、一九二二年にシベリアから兵を引き上げ、その三年後に、北樺太《からふと》からも撤兵し、八年に及ぶシベリア出兵は幕を閉じたのである。

それにしても、なぜ日本政府は、ロシア革命に過敏に反応したのだろう。

明治維新の後、富国強兵を標榜《ひょうぼう》し、立憲君主国家の建設に邁進《まいしん》していた日本は、第一次世界大戦で、民主主義体制側に荷担した。軍国主義体制との対決という図式に身を置いたのである。

国内では、デモクラシー（民主主義）を求める運動が高まりを見せ、大戦がもたらした好景気によって、貧富の格差が生まれ、重税に虐《しいた》げられてきた国民の中から、米騒動や労働争議に参加する者が増えていった。

そんなさなか、一九一七年三月に、ロシア革命が勃発し、ロマノフ王朝は倒され、共産主義国家・ソ連（ソビエト社会主義共和国連邦）が誕生したのだった。それだけならまだしも、ドイツやオーストリアの帝政も崩壊してしまい、天皇を頂点にいただく立憲君主国の日本政府に衝撃を与えた。日本の支配階級にとって、これは脅威であった。

問題は、シベリア出兵に派遣されていた兵たちの中でも、通訳や情報収集（諜報活動）の任務に当たっていた特務機関の面々（スパイ）が、西欧社会の一部に広まっていた「ロシア革命は、世界制覇を目論むユダヤ人たちの陰謀」とする「ユダヤ禍論」にかぶれてしまったことにある。

そこで問題となるのは、ユダヤ禍論が、なぜ日ユ同祖論につながっていったのか、ということだ。

日ユ同祖論を最初に唱えたのは、日本人ではない。明治時代に来日していたスコットランド商人、N・マクラウドが、古代ユダヤと日本がよく似ていると言い出し、本を出版したのだった。彼の故郷では、英国人とユダヤ人が同祖とする「英ユ同祖論」がすでに立ち上がっていて、このことを踏まえた上で、「日本人もユダヤ人の末裔」と考えたようだ。

ユダヤ禍論者が日ユ同祖論を掲げていくきっかけをつくった人物のひとりに、酒井勝軍《さかいかつとき》がいる。

酒井勝軍はアメリカに留学し、牧師となって帰国した。語学力が買われ、日露戦争とシベリア出兵に従軍し、ユダヤ禍論に触れて感化されるも、パレスチナで中東情勢を調査する過程で、親ユダヤ派に転向している。

『復刻　太古日本のピラミッド』（八幡書店）には、酒井勝軍の複雑な思想が、克明に綴《つづ》られている。巻末の「日猶《にちゆ》協会創立の檄《げき》」の中で酒井勝軍は、第一次世界大戦の結果、国家の体《てい》をなしているのは、アメリカと日本だけだと述べ、天下は東の日本、西のアメリカ、その中間にユダヤ人のシオン運動が位置し、大勢は刻々と世界統一神政《しんせい》復古に向かっているとした。すなわち、最後の決戦は、デモクラシイ（民政即《すなわ》ち魔政）とテオクラシイ（神政《しんせい》）で、いよいよ決着する。ユダヤ人の目指す運動は、神政復古であり、日本人もこれに協力するべきで、両者は戦友だ、と述べている。

本文の中で酒井勝軍は、まず世界はユダヤ人の運動によって統一され、その後に日本の天皇がこれを統治するようになる、と断言している。イスラエル王国は前半身で、日本はその後半身といい、極東の孤島で異教徒と蔑《さげす》まれてきた日本が、一躍《いちやく》世界の神州《しんしゅう》帝国たる地位に登り、日本が「神の秘蔵国」であることを発見させ、キリスト教世界を見返してやろう、というのだ。

一見して、複雑で矛盾した発想にみえる。しかし、掘り下げていくと、根っこには単純な論理が隠されている。酒井勝軍は、「ユダヤ禍」によって迫害されるユダヤ人たちが、強烈なまでの郷土愛と信仰によって支えられていることに気付かされたのだろう。その一方で、彼らはキリスト教世界の中で、迫害され、差別される人々であった。

一方、日本はどうだろう。明治維新以来、日本は西欧文明を模倣し、富国強兵を目指した。その結果、短期間に、列強の仲間入りを果たしたのである。

ところが、黄色人種で異教徒である日本人は、正当な評価を得られなかった。キリスト教的世界観が罷《まか》り通り、「キリスト教の正義」を掲《かか》げて植民地支配を正当化してきた西欧列強は、非キリスト教国の日本の増長を、苦々しく思っていたのだ。黄色人種が世界にわざわいをもたらすという「黄禍論《こうかろん》」が登場する下地となったのである。

かたや日本で、フランス、ドイツ、ロシアによる三国干渉の後、白人が有色人種にわざわいをもたらすという「白禍論」が飛び出した。

このような世相の中で、酒井勝軍の日ユ同祖論は生まれたのだ。つまり、西欧文明に対するコンプレックスが、酒井勝軍を突き動かしたと考えられるのである。

秦氏と景教《けいきょう》を結びつける考え方

くどいようだが、シルクロードの端から端まで人間が移動することは不可能だ、と言っているのではない。秦氏がイスラエルからやってきた可能性も、根底から否定するものではない。しかし、近代日本人が置かれた立場というものをまず念頭において、日ユ同祖論がもてはやされた理由を、冷静に見つめ直してからでも遅くはない、と言いたいのである。

太秦の周辺に景教の影響が見られるとしても、中国の唐に景教がもたらされ、寺院が建てられたのは七世紀なのだから、日本にはそれ以降に伝わり、秦氏が新たな信仰として、景教を受け入れたと考えるべきなのである。

とはいっても、秦氏と景教の関係を肯定的に見る意見は、意外に多い。

清川理一郎《きよかわりいちろう》は『猿田彦《さるたひこ》と秦氏の謎』（彩流社）の中で、国宝第一号に指定された広隆寺の弥勒菩薩の右手は、親指と薬指をつなぐ印を結んでいるが、敦煌《とんこう》で一九〇八年に発見された景教の大主教を描いた絵の中の右腕が、まったく同じ印を結んでいると指摘する。そして三柱鳥居について、秦氏研究家のキリスト教的な解釈によれば、三柱の「三」は、キリスト教の「御父」と「御子」、「聖霊」の三つ、いわゆる三位《さんみ》一体を表わすのだと紹介している。

梅原猛《うめはらたけし》は『翁と河勝』（角川学芸出版）の中で、キリスト教と「十二」は、強く結ばれているといい、広隆寺や、秦河勝が逃れたという赤穂《あこう》市坂越《さこし》の大避《おおさけ》神社で「十二」の数字が重視され、祭礼にも、同様に「十二」が頻出《ひんしゅつ》することについて、これが、キリスト教とつながっていた、ひとつの証拠ではないかと指摘している。

イスラエルの「十二部族」がアブラハムの孫・ヤコブの「十二人の子」を先祖としており、キリストも弟子の中から、「十二使徒」を選んでいるからだ。

梅原猛は、『日本書紀』推古二十一年（六一三）十二月一日の記事に注目し、聖徳太子伝説にも、キリスト教が影響していると指摘する。

聖徳太子が片岡《かたおか》（奈良県香芝《かしば》市か？）で飢えた者に出会い、食事を与え、着ていた服をかぶせてやった。そして「安らかに寝ていなさい」と仰《おお》せられた。翌日、人を遣《つか》わして様子を見にいかせると、亡くなっていた。そこで聖徳太子は、埋葬させ、墓をつくらせた。その上で、

「あの方は、凡人《ただひと》ではない。真人《ひじり》であろう」

と述べられた。「真人」とは、道教で奥義を究めた人をいう。聖徳太子は使者を遣わし、墓の様子を見させた。すると、屍《しかばね》はなくなり、ただ服だけが、たたんで棺の上に置いてあったという。聖徳太子はその服を取り寄せ、以前のように平然と着ていたという。人々は、「聖《ひじり》が聖を知るというのは、本当のことなのだ」と感心したという。

梅原猛は、この説話を、イエス・キリストの復活した物語によく似ているというのだ。

その上で、次のように述べている。

上宮王院には、大工さん奉納の額がたくさん掛けられているが、その一つにははっきり、ダヴィデの星と深い関係にある五芒星《ごぼうせい》（通称晴明《せいめい》印）が描かれている。或《ある》いはキリストの父が大工であったことが、大工の守護神とされる聖徳太子と結びついたのであろうか。（前掲書）

しかし、これらの発想に、安易に従うことはできない。たとえば「十二」という数字は、キリスト教だけが大切にしているのではない。新薬師寺《しんやくしじ》では本尊の薬師如来《やくしにょらい》を国宝「十二《じゅうに》神将《しんしょう》」が囲んで守っているが、この「十二」は、キリスト教の影響ではない。なぜ「十二神将」なのかといえば、「十二神将」は、十二の方角を守っていて、「干支《えと》」（十二支）の守護神と崇《あが》められているのである。

五芒星にしても、陰陽五行の「五行」、「木・火・土・金・水」の「相剋《そうこく》」を図式化したものに他なるまい。五芒星があるから、ユダヤの匂いがするという発想は、短絡的ではあるまいか。

百歩譲って、太秦周辺に景教的な要素が散見できたとしても、だからといって、秦氏が景教を携えて来日したわけではない。すでに述べたように、時代が合わず、来日後、「新たな信仰としての景教を受け入れた」と考えざるを得ない。だから広隆寺の何もかもを景教で解き明かす必要はないのである。

三柱《みはしら》鳥居が示す太陽信仰

ダビデの紋章を思い浮かべるという三柱鳥居にしても、もっと別の意味が隠されている可能性が高い。

大和岩雄《おおわいわお》は『日本の神々　神社と聖地　5　山城　近江』の中で、三柱鳥居の意味を次のように推理している。

三柱鳥居は、北を頂点にして、南側が東西を結んだ底辺になっている。そして、東南東の方角には稲荷山、西南西の方角には松尾山が位置している。それぞれ秦氏が祀る伏見稲荷大社と松尾大社の神体山である。この方角は、特別な意味がある。三柱鳥居の位置から見た場合、冬至の日、ちょうど稲荷山から朝日が昇る。また、同日、夕日は松尾山に沈むのだ。したがって、ここは秦氏にとって重要な稲荷山と松尾山の遥拝《ようはい》地にあたる。太陽の死と再生を、ここで見届けることができるわけである（実際に山の姿を目で見ることはできないが……）。

蚕の社の正式名は木嶋《このしま》坐《にます》天照《あまてる》御《み》魂《むすび》神社である。「天照」の二文字がからんでくるのは、この地が太陽信仰とかかわりがあるからで、稲荷山と松尾山の正反対側には、比叡山（四明《しめいが》岳《たけ》）と愛宕山《あたごやま》が位置していて、夏至《げし》の日の出、日の入りが遥拝《ようはい》できる（左ページ図）。

さらに、北に目を転じると、ちょうど標高一一六メートルの双ケ丘《ならびがおか》（京都市右京区御室《おむろ》）がある。この山中に七世紀前半ごろの双ケ丘古墳群があって、被葬者は、嵯峨野《さがの》一帯の首長墓の系譜に連なり、秦氏の祖霊の眠る聖地と考えられるという。

やはり、三柱鳥居の謎を解く鍵は、秦氏の歴史と太陽信仰である。

すでに述べたように、三柱鳥居は「元糺の池（森）」の中にある。「糺《ただ》す」は「理非《りひ》を明らかにすること。偽りをただすこと」で、意味深長《しんちょう》だ。

太秦周辺の謎をキリスト教（景教）で解き明かそうとする先述の清川理一郎は、「糺」を「穢《けがれ》をとり去る」と解し、「この池の水で穢や罪を洗い清めるのがキリスト教徒が行なう洗礼（バプテスマ）である。秦氏はこの池でバプテスマを受けたのだろう」と推理する（前掲

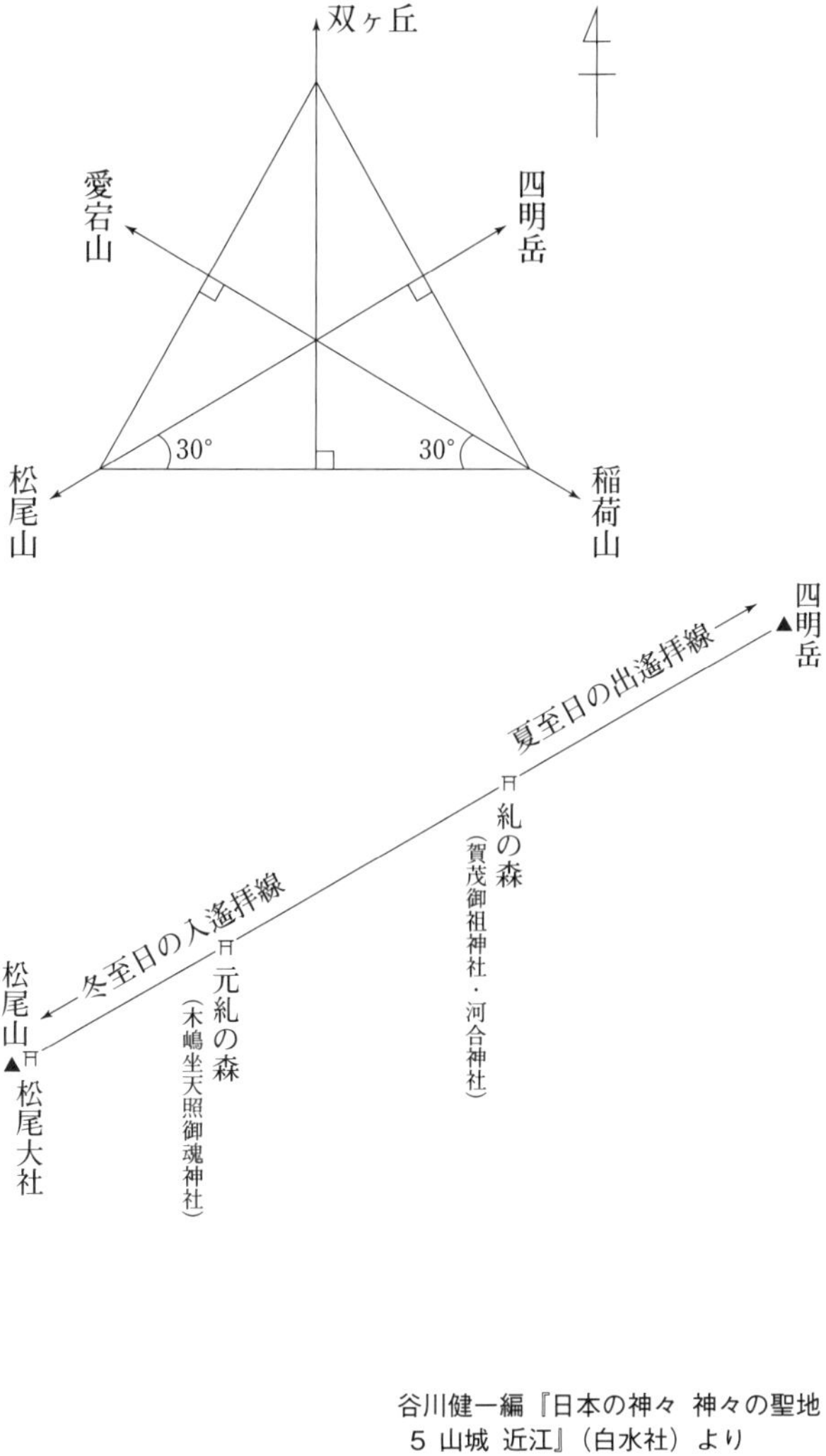

谷川健一編『日本の神々 神々の聖地
5 山城 近江』（白水社）より

書)。

けれども太秦の「元糺」は、「元の〜を糺す」の意ではなく、「元々ここが糺(という場所、地名)だった」と考えるべきだ。「元糺」とは別に、広隆寺と縁の深い場所に、もうひとつの「糺」があって、そちらの「糺」の方が有名な場所になってしまった。そこで「こちらが元祖の糺」と言いたいがために、「元糺」と名乗ったのだろう。

『広辞苑』(岩波書店)にも「糺の神《ただすのかみ》」が載っていて、「京都の下鴨《しもがも》神社およびその摂社の河合《かわい》神社等の祭神」とあり、「糺の森」は、「京都市左京区、下鴨神社の森の称。賀茂・高野両川の合流点にあり(後略)」と出てくる。「糺」は、下鴨神社とつながっている。「糺の神」も下鴨神社の境内のどこかで祀られている神だと見当がつく。

大和岩雄は『八雲御称《やくもみしょう》』に「かものやしろ」と「ただすのみや」が並記されていることから、ふたつは同一ではないと判断し、『太平記《たいへいき》』に「河合森」とあって、これを「ただすのもり」と読んでいることから、「ただすのみや」は河合《かわい》神社(下鴨神社摂社)のことと指摘している。

下鴨神社境内の河合神社が「ただすのみや」で、下鴨神社と縁の深い蚕の社が「元糺」な

川の合流地という聖地

賀茂川と高野川が合流して鴨川になる。その合流地は「鴨川デルタ」と呼ばれ、この一角に糺の森がある

下鴨神社や摂社河合神社をとり囲む糺の森

のだから、蚕の社が先（元）で、河合神社があと、ということになる。

四明岳（比叡山）と松尾山（松尾大社）を結ぶライン上に、元糺の森（蚕の社）と糺の森（河合神社）は乗っかってくる（75ページの図）。そして、このラインは、冬至の日の入りの遥拝と、夏至の日の出の遥拝の「聖なるライン」となる。どうやら「糺」は、太陽信仰とかかわっているらしい。

河合神社と下鴨神社の祭神は玉依姫命《たまよりひめのみこと》で、『山城国風土記《やましろのくにのふどき》』逸文《いつぶん》によれば、この女神は丹塗矢《にぬりや》（火雷神《ほのいかづちのかみ》）で懐妊している。「矢」「雷光」は太陽光を象徴している。水辺で聖なる女人が太陽の光を浴びて（ホト＝女陰を貫いて）処女懐妊するという話があるが、これは日光感精《かんせい》神話であり、この設定は、思わぬ人物とつながりを持っている。それが、新羅王子アメノヒボコである。

アメノヒボコの来日説話の中で、やはり日光感精神話が登場する。女性のホトに日光が当たり、懐妊する。ここで生まれた童女を追いかけて、アメノヒボコは来日している。

下鴨神社の玉依姫命とアメノヒボコの説話がそっくりなのは、秦氏を介して両者がつながっているからかもしれない。アメノヒボコ説話が残される地域には、かならず秦氏の居住地があるとされているほど、秦氏とアメノヒボコは密接な関係にあるからだ。二つの説話が似ていたのは、偶然ではなさそうだ。

河合神社の祭神に日光感精神話がつきまとい、「ただす」の地名が重なるのは、「朝日の直《ただ》射《さ》す」の「直《ただ》」だと大和岩雄は推理する。日光感精神話を具現化したのが、「糺」と「元糺」、比叡山、松尾山を結ぶ太陽のラインであり、三柱鳥居のある元糺の池は、冬至と夏至の朝日が「直射す（糺す）日の泉」と結論づけるのである。

このように、太秦周辺には、不可解で神秘的な謎が多数見受けられるが、それをすべて「景教」や「ユダヤ」で片付けていては、真実を見誤る。ひとつずつ精査していけば、その意味がだんだん明らかになってくるのである。

少なくとも、三柱鳥居は冬至と夏至の日の出、日の入りを意識したもので、太陽信仰のための造形であり、ダビデの六芒星とは関係がなさそうだ。

なぜ歴代天皇は広隆寺本尊を恐れ続けたのか

ユダヤや景教、ダビデに目を奪われるあまり、われわれは、広隆寺の本当の謎を見過ごしてきたのではあるまいか。

たとえば、本尊を巡る謎である。

広隆寺の楼門をくぐって正面に見えるのが、本堂の上宮王院太子殿だ。有名な弥勒菩薩半《はん》跏《か》思《し》惟《ゆい》像は、本堂の裏手の霊宝殿で守られている。

本堂に祀られるのは、聖徳太子三十三歳像で、孝養《きょうよう》像《ぞう》(十六歳像)や童子像(二歳像と七歳像)が多い聖徳太子にしては、珍しい「成長したあとの像」である。

寺伝によれば、推古十一年(六〇三)十一月一日に三十三歳の聖徳太子が秦河勝の家を訪れ、仏像を授け、寺を建立せしめたが、この時の聖徳太子のお姿なのだという。

そして謎めくのは、聖徳太子像が、本物の服をまとっていることなのだ。天皇御即位の際に用いられる衣服が贈《ぞう》進《しん》され、代が替わられるたびに、新しい服が贈られた。平安時代から始まり、今上天皇まで続く、広隆寺と皇室の間に交わされる謎の慣習である。

まず、「なぜ誰も、この像を不思議に思わないのか」が、大きな謎だ。というのも、聖徳太子の像に即位儀礼に用いた服を天皇が贈り続けるという話、歴代天皇が聖徳太子に怯《おび》えていたからではないかと思えてくるのである。

この慣習の趣旨は、次のようなものだろう。

「即位できなかったことは聖徳太子にとって無念なことでございましょうから、せめて形だけでも、即位儀礼の服を着て、即位していただきましょう」

すなわちここに、天皇家の聖徳太子に対する「畏敬《いけい》の念」を超えた、「恐怖心」が垣間見えるのである。

聖徳太子は皇太子だったが、即位することなく亡くなっている。志半《こころざしなか》ばであったことは確かにしても、『日本書紀』を信じれば、病死か自然死であり、人様を恨んでいたわけではない。史学者の大半は、「聖徳太子と蘇我氏の関係が悪化していたのではないか」と疑っているようだが、もしこれが本当なら、「聖徳太子が憎く思っていた蘇我氏を滅ぼしたのは中《なかの》大兄《おおえの》皇子《みこ》（のちの天智《てんじ》天皇）で、歴代天皇は中大兄皇子の末裔なのだから、聖徳太子は中大兄皇子やその末裔たちに感謝する」はずなのである。

ならばなぜ、平安時代以降、歴代天皇は広隆寺の聖徳太子三十三歳像に、即位儀礼に用いた服を贈り続けたのだろう。

問題は、聖徳太子孝養像や童子像は、いたる所に存在するのに、なぜ秦河勝の広隆寺の聖徳太子三十三歳像だけを特別視し、服を贈り続けたのか、ということである。

何かしらの理由で歴代天皇が聖徳太子を敬い、恐れたとしても、なぜ、広隆寺でなければならなかったのか、これも謎ではないか。飛鳥《あすか》の法興寺《ほうこうじ》、奈良市の元興寺、斑鳩《いかるが》の法隆寺《ほうりゆうじ》など、広隆寺よりも聖徳太子と関わりの深かった寺院は、いくらでもある。それらを差し措《お》き、なぜ広隆寺の聖徳太子三十三歳像が、特別扱いを受けたのか、その理由がまったくわからないのである。

秦河勝は祟ると『風姿花伝《ふうしかでん》』に記した世阿弥《ぜあみ》

広隆寺にかかわりの深い秦河勝にも、謎がある。秦河勝は祟《たた》る鬼になっていたというからだ。言い出したのは、無責任な周囲の野次馬《やじうま》たちではない。秦河勝の末裔や同族、つまり、身内なのだから、無視できない。

『日本書紀』からは、「祟る秦河勝」「鬼となった秦河勝」の姿を見いだすことはできない。

それ以前に、『日本書紀』の秦氏にまつわる記事は少ない。先述した推古十一年（六〇三）十一月条の次は、推古十八年（六一〇）十月九日条で、そこには、来日していた新羅と任那《みまな》

（伽耶《かや》）の使節団が拝朝し、このとき秦河勝が新羅使の案内役に立ったとある。推古三十一年（六二三）七月条の記事は、すでに触れた。新羅からもたらされた仏像などが、葛野の秦寺（広隆寺）に納められたという話で、秦河勝の名は出てこない。

そして『日本書紀』最後の記事は、皇極《こうぎょく》三年（六四四）七月条で、東国の不尽河《ふじのかわ》（富士川）のほとりの人・大生部多《おおうべのおお》が邪教《じやきよう》を広めていたので、秦河勝が成敗《せいばい》した、という常世《とこよ》の神の話だ。この経緯については、第四章で詳しく触れる。

ちなみに、『日本書紀』には記されていないが、『上宮聖徳太子伝補闕記《じようぐうしようとくたいしでんほけつき》』には、用明《ようめい》二年（五八七）七月の物部守屋討伐戦《もののべのもりやとうばつ》に、聖徳太子の側近として、秦河勝が活躍したことが記録されている。

問題は、これらの記事を読む限りでは、秦河勝が祟った理由がハッキリとわからないことであり、また、『日本書紀』や『続日本紀《しよくにほんぎ》』を読んでも、秦河勝が鬼となって人々を恐れさせたとは、どこにも記されていないことである。

ならば、どこにそのような記事が載っているのかといえば、世阿弥著、能楽《のうがく》の聖典『風姿花伝《ふうしかでん》』である。

秦河勝の末裔たちからは、日本文化の底辺を支える商人や職人が多く輩出《はいしゅつ》されていくが、芸能の基礎を築いたのも、秦氏であった。世阿弥は、秦氏の同族である。『風姿花伝』第四神儀（猿楽《さるがく》の由緒の奥義）の中で、世阿弥は猿楽（申楽《さるがく》）の起源と秦河勝について、興味深い記事を残している。おおまかな内容は、以下のとおり。少し長くなるが、興味が尽きないので、訳してみる。

猿楽の起源は、天照大神《あまてらすおおみかみ》が天《あま》の岩戸《いわと》にこもったことだ。天下が常闇《とこやみ》（暗闇）になってしまったために、八百万《やおよろず》の神々は、天《あま》の香具山《かぐやま》に集まり、大神の機嫌をとろうと、神楽《かぐら》を奏し、細男《せいのう》（神楽のあとに行なう滑稽《こっけい》なわざ）を始めた。天鈿女命《あまのうずめのみこと》が進み出て、榊《さかき》の枝に幣《しで》をつけ、声をあげて歌い、篝火《かがりび》に照らされ、足を踏みならした。神が取り憑《つ》いて狂っているように、歌舞を演じた。これで、天照大神が再び世に現われた。この時の歌舞の遊びが、猿楽の始まりであるといわれている。

また猿楽は、釈迦如来《しゃかにょらい》のいらっしゃった天竺《てんじく》（インド）でも始まっていた。須達長者《しゅだっちょうじゃ》が祇《ぎ》園精舎《おんしょうじゃ》を建立し、落成の法事を行なっていたとき、釈迦が説法をされた。ところが異教徒たちに妨害されたため、釈迦は高弟の舎利弗《しゃりほつ》に目配《めくば》せをし、その意を汲《く》んだ舎利弗が六十六番の物真似《ものまね》をすると、異教徒らは、笛や鼓《つづみ》の音のほうに集まり、物真似を見物しておとなしくなった。それ以来、天竺でも猿楽の道が始まった。

日本国においては、欽明《きんめい》天皇の時代に、泊瀬《はつせ》の河（奈良県桜井《さくらい》市を流れる初瀬川《はせがわ》）に洪水が起きたとき、川上からひとつの壺が流れ下ってきた。三輪《みわ》の杉の鳥居のほとりで、雲客《うんかく》（殿《てん》上人《じょうびと》）がこれを拾うと、中に嬰児《みどりご》が入っていた。麗《うるわ》しく、玉のようだったため、天から降ってきたのではないかと思い、内裏《だいり》に奏聞《そうもん》した。その夜、天皇は夢をみて、嬰児は次のように述べた。

「私は大国秦《たいこくしん》の始皇《しこう》（始皇帝《しこうてい》）の生まれ変わりです。日本に縁があって、こうしてやってきました」

天皇は、奇特に思い、殿上に召された。成人すると、才知は抜群で、十五歳で大臣の位に昇り、秦《しん》の姓を下賜《かし》された。「秦」という文字は「はだ」とも読む。これが「秦河勝」である。

天下に障《さわ》り（わざわい）があったときのことだ（物部守屋の滅亡事件）。上宮太子《かみつみやのひつぎのみこ》（聖徳太子）は、神代《かみよ》の天の岩戸や、天竺の釈迦の吉例にあやかって、六十六番の物真似を河勝に命じ、六十六番の面をつくられ、河勝に与えられた。橘《たちばな》の内裏《だいり》（飛鳥の橘寺《たちばなでら》に宮があったと、世阿弥は考えていたようだ）の紫宸殿《ししんでん》で演じた。すると、天下は治まり、静かになった。上宮太子は、末代のため、神楽の「神」（神）の偏《へん》の「示」を取り除き、旁《つくり》の「申」を残された。旁が暦の「申《さる》」だったため、「申楽」と名付けられたのだ。「愉《たの》しみを申す」の意味も込めて命名された。また、神楽から分かれた芸だからでもある。

ここまでが、猿楽の起源と秦河勝の生誕説話について記された部分で、ここからあとが秦河勝の不思議な伝承である。くり返すが、秦河勝と同族の世阿弥が、秦河勝は祟る鬼だったと記録していたのである。『風姿花伝』を続ける。

秦河勝は、欽明、敏達《びだつ》、用明、崇峻《すしゅん》、推古、上宮太子（聖徳太子）に仕《つか》えた。この芸を子孫に伝えた。そして化人《けにん》（化生《けしょう》の人、化け物、変化《へんげ》）は、跡形もなく消えるものだから、ということで、摂津の国の難波《なにわ》の浦から「うつほ舟」（丸木舟）に乗って、風に任せて西に向かったのだった。すると、播磨《はりま》国坂越《さこし》の浦（兵庫県赤穂《あこう》市）に着いた。浜辺の人たちが舟を引き上げてみると、乗っていた者は、人間ではなかった。人々に憑依《ひょうい》し、祟り、奇瑞《きずい》をなした。そこで、神と崇《あが》めると、国は豊かになった。「大きに荒るる」と書いて、大荒大明神《おおさけだいみょうじん》と名付けた。今でも霊験《れいげん》あらたかだ。本地《ほんじ》は毘沙門天《びしゃもんてん》で、上宮太子が物部守屋の逆臣を平らげた時も、この秦河勝の神通力《じんつうりき》から得られた方便によって、滅ぼすことができるのだ。

平安京に移ってからあと、村上《むらかみ》天皇は上宮太子の書かれた文書『中楽延年《さるがくえんねん》の記《き》』（実在しない）を御覧になって、中楽の神代、天竺における起源と、日本に伝わってくる過程を知った。狂言綺語《きょうげんきぎょ》（仏教用語で、美辞麗句《びじれいく》。戯れのわざとしての文芸）によって仏法を讃《たた》えて広める手段とする因縁を守り、魔縁を退け、福を招く芸である。中楽舞いを奏すれば、国は穏やかに、民は静かに、寿命を延びると、上宮太子は書かれていた。

そこで村上天皇は、中楽をもって天下の平穏を祈るのがよいだろうと思われた。その頃、かの河勝の中楽の芸を伝える子孫・秦氏安《はたのうじやす》がおり、六十六番中楽を紫宸殿で演じた。また、紀《き》の権《ご》の守《かみ》という者がいた。才知のある人で、これが氏安の妹婿だった。共に中楽をした。

のちに、六十六番までは一日で演じきれないというので、稲経《いなつみ》の翁《おきな》（翁面。大嘗祭《だいじょうさい》の稲実《いなのみ》公《きみ》に由来する）、代経《よなつみ》の翁（長寿の老翁）、父《ちち》の助《じょう》（式三番《しきさんば》に登場する延命冠者《えんめいかじゃ》の相手役）の三つを定めた。今の世の式三番（現代の「翁」）がこれだ。すなわち、「法《ほっ》」「報《ぽう》」「応《おう》」の如来の三つの姿を奉《たてまつ》ったのである。式三番の口伝は別紙にある。

秦氏安から光太郎《みつたろう》・金春《こんぱる》まで、二十九代の長い歴史がある。これが、大和の国円満井《えんまい》の座だ。同じく、氏安から伝わる聖徳太子の鬼面、春日の御神影、仏舎利は、この家に伝わっている。（後略）

なぜ世阿弥が、このような伝承を書きとどめたのかといえば、秦河勝が「能芸の祖」と称えられていたからであり、それよりも大きな理由は、世阿弥が秦系氏族だったからだろう。日本の文化の基層を築いたのは秦氏だったと断言しても過言ではないほど、芸能の発展に果たした彼らの役割は、大きかったのである。

さて、この説話の中で興味深いのは、秦河勝が「うつほ舟」に乗って西に向かい、播磨の坂越に至ったという話、さらには、秦河勝が祟りをもたらしたため、人々は神と崇めたという話だ。そして、丁重に祀ったためだろう、国は豊かになった。だから、「大きに荒るる」

京都と播磨、２つの「オオサケ」

広隆寺のすぐ東に位置する大酒神社。元は広隆寺桂宮院の裏手にあったというが、明治になって現在地に遷された。ここの鳥居の柱（左写真）も八角形

播磨坂越の浦にある大避神社（写真は本殿前に建つ長い絵馬殿）。遠く離れた２つの「オオサケ」をつなげるのが秦河勝だ

と書いて、大荒大明神と名付けたという。

坂越一帯では、秦河勝がこの地にやってきたのは皇極三年（六四四）のことだったと言い伝えている。また、「大荒大明神」を、「おおあれだいみょうじん」とも呼ぶという。

ではなぜ、秦河勝は瀬戸内海を西に向かったのだろう。

そこで注目されるのは、「皇極三年」だ。これは、激動の時代のまっただ中だった。

前年には、聖徳太子の子・山背大兄王《やましろのおおえのみこ》の一族が、斑鳩で蘇我入鹿《そがのいるか》の軍勢に囲まれ、滅亡に追い込まれている。そして皇極四年（六四五）、中大兄皇子と中臣鎌足《なかとみのかまたり》は、飛鳥板蓋宮大《あすかのいたぶきのみやおお》極殿《あんどの》で蘇我入鹿を暗殺する。ここに専横《せんおう》をくり広げていた蘇我本宗家《ほんそうけ》は滅亡し、政治の刷新が断行された。秦河勝が播磨に向かったのは、山背大兄王の一族（上宮王家《じょうぐうおうけ》）滅亡と蘇我本宗家滅亡の間の年だったことになる。

播磨《はりま》に逃げた秦河勝

世阿弥の証言を裏付けるかのように、兵庫県赤穂市坂越に、秦河勝を祀る大避《おおさけ》神社があって、『風姿花伝』とよく似た伝承が残されている。

坂越の湾内に浮かぶ生島。ひょうたんのようにも、前方後円墳のようにも見える。島の西側（右側）の手前に古墳があり、秦河勝の墓と伝わる。島の左端に見える建物は、大避神社のお旅所。禁足地のため一般の人は上陸できない

まず、なぜ秦河勝を祀る神社に「大避」の名がついたかというと、その理由は、播磨地方の地誌『播磨《はりま》鑑《かがみ》』に、次のような伝説として残されている。ちなみに、秦河勝がこの地にやってきたのは、世阿弥の証言よりも一年早い。

さて、皇極二年（六四三）九月。秦河勝は「蘇我入鹿の乱」から「避ける」＝避難するために、難波から船で坂越の湾内に浮かぶ生島《いきしま》に逃れてきた。だから神社の名が大避神社になったというわけだ。そして地元の人々に歓迎されたが、死後、生島に葬られ、神として祀られた、という。すなわち、世阿弥が『風姿花伝』に記した大荒大明神である。

また、大避神社の社伝によれば、秦河勝がこの地にやってきたのは、皇極三年九月十二日といい、このとき八十三歳だったという。

では、秦河勝が播磨に逃げてくる原因となった「蘇我入鹿の乱」とは、どのような事件だったのだろう。

そこで、『日本書紀』の記事から、女帝・皇極天皇の時代のおおまかな歴史の流れを追ってみよう。

時代は、蘇我本宗家の全盛期で、蘇我蝦夷《そがのえみし》と子の入鹿が専横を極めていた。

皇極元年（六四二）春正月、皇極天皇は即位し、大臣蘇我蝦夷を留任させた。ただし政治を執《と》ったのは子の入鹿で、権勢は父に勝《まさ》り、盗賊ですら恐れた。この年、蘇我蝦夷は自分の祖廟《おやのまつりや》を葛城《かつらぎ》の高宮《たかみや》（奈良県御所《ごせ》市森脇《もりわき》）に建て、八佾《やつら》の舞《まい》を行なった。これは、中国では天子の特権であった。勝手に人を集めて使役し、その中には上宮王家《じょうぐうおうけ》（聖徳太子の末裔）の乳部《みぶ》の民（一族の養育に従事する民）もいた。

皇極二年（六四三）冬十月、蘇我蝦夷は病気と称して出仕《しゅっし》せず、ひそかに紫冠《しかん》（大臣に下賜《かし》される冠位）を勝手に入鹿に授けた。十一月、増長した蘇我入鹿は、兵を斑鳩に差し向け、山背大兄王ら上宮王家を追いつめてしまった。一族は滅亡し、父の蝦夷さえ、この暴挙に怒りをあらわにしたという。

皇極三年（六四四）春正月、中臣鎌足は神祇伯《じんぎはく》に任ぜられるが、辞退した。しかし、蘇我氏の専横に皇室の危機を感じとった中臣鎌足は、中大兄皇子に接近し、蘇我入鹿暗殺の計略を練っていく。十一月、蘇我蝦夷と入鹿は甘樫丘《あまかしのおか》（奈良県高市《たかいち》郡明日香《あすか》村）に館を並び建て、蝦夷の館を「上《うえ》の宮門《みかど》」、入鹿の館を「谷《はさま》の宮門」と呼び、子供たちを「王子《みこ》」と呼んだという。

これが蘇我本宗家の絶頂期だった。しかし、翌皇極四年（六四五）六月、中大兄皇子と中臣鎌足は、飛鳥板蓋宮大極殿で蘇我入鹿を殺し、さらに甘樫丘の蘇我蝦夷を滅ぼしたのだった。これが乙巳《いっし》の変《へん》で、このあとに断行される改革事業が、大化改新《たいかのかいしん》である。

すなわち秦河勝は、山背大兄王の滅亡と蘇我本宗家滅亡という二大事件のちょうど間に、播磨に逃れていたことになる。

ここで秦河勝の「立場」を、通説にのっとって一言で表現すると、「反蘇我」で「親上宮王家」ということになる。

『日本書紀』その他の文書は、聖徳太子が秦河勝を寵愛したと記録し、また一方で、『日本書紀』は、「聖徳太子と蘇我氏は反目していた」と、ほのめかしている。通説も、聖徳太子の急進的な改革事業を、蘇我氏が邪魔立てしたと考える。そして、聖徳太子に寵愛されていた秦河勝を、蘇我氏は面白く思っていなかったことになる。当然、秦河勝は、「どちらをとるか」と聞かれれば、山背大兄王ら、上宮王家をとっただろう。

そうなってくると、「蘇我入鹿の乱」とは、皇極二年の蘇我入鹿による上宮王家滅亡事件であり、「秦河勝は何らかの形で事件にかかわり、播磨に逃れた」という図式が浮かびあがってくる。

秦河勝が「蘇我入鹿の乱」から逃れてきたという大避神社の伝承は、これまでほとんど注目されることはなかった。しかし筆者は、上宮王家滅亡事件や乙巳の変（蘇我入鹿暗殺）には、これまで語られることのなかった多くの「裏事情」が隠されていて、『日本書紀』は真相を闇に葬《ほうむ》ってしまっていたと指摘してきた。

なぜ『日本書紀』は、多くの労力を割《さ》いて一連の事件の真実を抹殺してしまったのかといえば、ここが「歴史の大転換期」だったからだ。大化改新（六四五年）が断行されたから大転換期なのではない。大化改新の真の主役が抹殺され、歴史そのものが、書き換えられてしまったから問題なのである。

そして、これまでほとんど注目されてこなかった秦河勝が、「大転換期の隠された歴史」を背負い込んで、播磨に落ち延《の》びていた可能性があるのではないかと、筆者は疑っているのである。

『日本書紀』が語る上宮王家《じょうぐうおうけ》滅亡事件の顛末《てんまつ》

もうしばらく、「播磨に逃げた秦河勝」に注目してみたい。秦河勝の秘密を解き明かすには、『日本書紀』によって仕組まれた、上宮王家滅亡事件のカラクリを、解き明かさねばならない。

さて、秦河勝が蘇我氏と反目し、上宮王家滅亡後、畿内にとどまることができなくなった可能性は高い。『日本書紀』の記事も、秦河勝の立場を、暗示的に記録しているように思えてならない。

そこで、『日本書紀』に描《えが》かれた上宮王家滅亡事件の経緯を追ってみよう。

時代は七世紀前半、推古天皇、聖徳太子、蘇我馬子《うまこ》による「トロイカ体制」が崩れ、蘇我氏が独裁権力を握りつつある、ちょうどその時だった。まず、聖徳太子が亡くなり、蘇我馬子、推古天皇と、一時代を築いた巨星が次々と消えていった。次の時代を築く人々が模索《もさく》を続ける時代ともいえた。

上宮王家とは、聖徳太子の子や孫たちを指している。その中心的存在が、山背大兄王である。その山背大兄王が、なぜ蘇我馬子の孫・入鹿と対立したのだろう。

聖徳太子は蘇我氏全盛期にこの世に生を享《う》けた蘇我系の皇族だ。山背大兄王の母も蘇我馬子の娘でれっきとした蘇我系皇族なのだから、蘇我氏と聖徳太子の一族が反目《はんもく》した理由がなければおかしい。

『日本書紀』は、次のように説明する。すなわち、推古天皇の崩御に際し、皇位継承候補がはっきりと決められていなかったことから、山背大兄王が不利な立場に追いやられたという。蘇我馬子の子・蝦夷が敏達《びだつ》天皇の孫・田村皇子《たむらのみこ》（のち舒明《じょめい》天皇）を推《お》したのだ。

これに対し、山背大兄王を推していたのは境部摩理勢《さかいべのまりせ》で、この人物は蘇我稲目《いなめ》の子で馬子の弟、つまり蝦夷の叔父だ。したがって、蘇我氏内部の主導権争いが、山背大兄王を翻弄《ほんろう》したということになりそうだ。

ちなみに田村皇子は、蘇我氏とはほとんど縁がない。その田村皇子を、なぜ蘇我蝦夷が推したのだろう。『日本書紀』の記事から判断できることは、田村皇子と法提郎媛《ほほてのいらつめ》（蘇我馬子の娘）の間に生まれた古人大兄皇子《ふるびとのおおえのみこ》を即位させるための布石だったということになるし、通説もそう考える。

推古天皇崩御ののち、いくつかの混乱をへて、田村皇子が皇位を射止めた。舒明天皇の誕生だ。舒明天皇と宝皇女《たからのひめみこ》（のちの皇極・斉明《さいめい》天皇）の間の子が、中大兄皇子と大海人皇子《おおあまのみこ》で、のちの天智天皇と天武《てんむ》天皇である。

山背大兄王を推していた境部摩理勢は、蘇我蝦夷に討たれ、山背大兄王は大切な後ろ盾《だて》を失った。この時点で、普通なら皇位はあきらめる。それでも山背大兄王は、「聖徳太子の子」という看板を掲げて、皇位にこだわった。舒明天皇が崩御し、宝皇女が即位（皇極天皇）したのちも、即位への執念を捨てなかったようだ。だからこそ、蘇我本宗家は、山背大兄王が邪魔で邪魔で仕方がなかったことになる。

ここで余計なことを言うようだが、「古人大兄皇子の即位を願ったから、蘇我蝦夷は田村皇子（舒明天皇）を推し、舒明亡き後、山背大兄王が邪魔になった」という『日本書紀』の設定そのものに、無理があるように思う。

もし仮に、蘇我蝦夷が古人大兄皇子の即位を願っていたのなら、舒明天皇崩御と同時に、子の古人大兄皇子を即位させるべきであった。ここで皇極天皇が即位したことによって、古人大兄皇子には、中大兄皇子と大海人皇子という、強力なライバルが新たに出現したことになるからだ。なぜそのようなことを言い出すのかは、徐々に理解していただけると思う。

それはともかく、皇極二年（六四三）、ついに蘇我入鹿は、斑鳩に兵を送り込み、山背大兄王を追いつめたのである。

ここからは、上宮王家滅亡事件の経過を、『日本書紀』の記事から詳しく追ってみよう。重要な場面なので、『日本書紀』の記事すべてを訳す。

皇極二年十一月一日、蘇我入鹿は巨勢徳太《こせのとこだ》、土師娑婆《はじのさば》らを斑鳩に遣わし、山背大兄王らを襲わせた。ある本によれば、巨勢徳太と倭馬飼《やまとのうまかい》を将軍に任命したという。

山背大兄王の側からは、奴《やつこ》（下男）の三成《みなり》と数十の舎人《とねり》（下級役人）が出てきて防戦した。入鹿軍側の土師娑婆が矢に当たって死ぬと、入鹿軍はひるんで退却した。軍中の人は、

「ひとり当千というのは、三成のことをいうのだ」

と語り合った。

山背大兄王は馬の骨をとって寝殿に投げ置き、一族を率いて斑鳩を脱出し、胆駒山《いこまやま》（奈良県と大阪府の境の生駒山《いこま》）に逃れ、隠れた。従ったのは、三輪文屋《みわのふみや》、舎人の田目《ため》と、その娘である菟田諸石《うだのもろし》、伊勢阿部堅経《いせのあべのかたふ》だ（ちなみにここに登場する顔ぶれは無名な存在で、他の場面に登場し

ない)。

一方斑鳩では、巨勢徳太が宮を焼き、焼け跡に骨(山背大兄王が寝殿に投げ置いた馬の骨)を見つけた。王は亡くなったと思い込み、囲みを解いて退却した。

山背大兄王らは生駒山にとどまり、四、五日の間食事もできなかった。三輪文屋は次のように進言した。

「願わくは、深草屯倉《ふかくさのみやけ》(京都市伏見区)に移り、そこから馬に乗って東国に至り、乳部《みぶ》を拠点に兵を挙げてもどってくれば、戦いに勝利すること、間違いありません」

これに対し山背大兄王は、

「あなたが言うようにすれば、勝つことは間違いない。しかし私は、十年間、人民を使役するまいと考えている。それに自分一身の都合のために多くの人を苦しめることになってしまう。また、後の世に、私のために父母を奪われたと語り継がれたくはない。戦い、勝つことだけが丈夫《ますらお》(立派な男子)なのではなく、身を捨てて国を固めることも、立派な丈夫ではないだろうか」

こういって山背大兄王は、挙兵の進言を退けた。

ある人が、はるか彼方の山中に、山背大兄王らの姿を見つけ、蘇我入鹿に報告した。入鹿は大いに恐れ、すばやく兵を挙げた。高向国押《たかむくのくにおし》に山背大兄王の居場所を教えて、「急いで向かい、かの王たちを捕らえて参れ」と命じた。しかし高向国押は、「私は天皇の宮を守っていますから、外に出られません」と、拒否した。そこで蘇我入鹿は、自ら赴こうと考えた。そこへ古人大兄皇子が息を切らしてやってきて、「どこにゆくのだ」と尋ねられた。入鹿が詳細を説明すると古人大兄皇子は、次のように述べられた。

「ネズミは穴に隠れて生き、穴を失えば死んでしまう」

蘇我入鹿はこの言葉を聞き、自ら出陣することを思いとどまり、代わりに将を生駒山に派遣した。しかし、見つけることはできなかった。

山背大兄王は、山を下り、斑鳩寺（法隆寺）に戻ってきた。すると、入鹿の軍勢は再び寺を取り囲んでしまった。

山背大兄王は三輪文屋に命じて、次のように将たちに聞かせた。

「ここで私が兵を挙げて蘇我入鹿を討伐すれば、かならず勝てる。しかし、私一身上の都合で、人々を殺したくはない。たがら、わが身ひとつを入鹿にくれてやろうと思う」

そうして山背大兄王は、一族（上宮王家）と共に、首をくくって亡くなられた。このとき五色の幡蓋《はたきぬがさ》（旗と蓋。蓋は貴人にさしかける絹で織った傘）がたなびき、色々な伎楽《ぎがく》（天女《てんにょ》の仕業《しわざ》ということになる）が舞われ、斑鳩寺の一帯は光り輝き、寺に垂れ下がった。人々は仰ぎ見て嘆き、また入鹿に見せてやろうとしたが、入鹿が見やると、幡蓋はたちまち黒い雲になってしまったという。だから、入鹿は見ることができなかった。

蘇我蝦夷は、山背大兄王が入鹿に滅ぼされてしまったことを聞き、怒り、罵《ののし》り、

「ああ、入鹿ははなはだ愚かで、横暴な悪事をしでかしてしまった。お前の前途《ぜんと》も、危ないのではないか」

と言った。

これが、『日本書紀』に書かれた上宮王家滅亡事件の顚末である。

不自然な『日本書紀』の記事

蘇我蝦夷の悪い予感は的中し、皇極四年（六四五）に、中大兄皇子と中臣鎌足の「活躍」

で、蘇我本宗家は滅ぼされる。

蘇我入鹿暗殺場面で、皇極天皇に「何ごとか」と叱責された中大兄皇子は、

「蘇我入鹿は王族を滅ぼし、王家の座を狙っているのです」

と答えている。『日本書紀』が明示した「蘇我入鹿暗殺の大義名分」は、彼が山背大兄王一族を滅したことなのである。

梅原猛は、これには裏があって、中臣鎌足が上宮王家滅亡事件の黒幕だったと推理している（『隠された十字架』新潮文庫）。すなわち中臣鎌足は、蘇我氏の力を削《そ》ぐために、蘇我の内紛を利用し、入鹿をそそのかして蘇我系皇族＝上宮王家を潰《つぶ》させたという。

八世紀の藤原氏は、自家に忌《い》まわしい事件が起きると、かならず法隆寺を丁重に祀ったのだが、その理由を梅原猛は次のように推理する。すなわち藤原氏は、聖徳太子の一族を滅亡に追い込んだ後ろめたさから、聖徳太子が祟っていると考え、怨霊を法隆寺に封じ込めたにちがいないというのである。

しかし筆者は、この考えに同意することはできない。というのも、八世紀の藤原氏が恐れたのは、罠にはめて一族滅亡に追い込んだ長屋王《ながやのおおきみ》の祟りなのだった。長屋王殺しの主犯格

四人の兄弟（みな藤原不比等《ふじわらのふひと》の子）が、その八年後、あっという間に病死（天然痘《てんねんとう》）してしまい、それに藤原氏は震え上がったのだ。それより八〇年以上も昔の上宮王家滅亡事件ではないだろう。

問題は、長屋王の祟りを鎮《しず》めるために、なぜ法隆寺が選ばれたのかにあるが、拙著『東大寺の暗号』（講談社）の中で、長屋王は蘇我系の皇族であったこと、藤原氏は「蘇我と名のつくものすべて」を法隆寺に封印してしまったことを述べておいた。だから、山背大兄王殺しの黒幕が中臣鎌足で、のちの藤原氏は聖徳太子の怨霊を恐れたという梅原猛の推理は、認められない。

その一方で、かねがね筆者は、上宮王家滅亡事件は不自然な経過をたどっていると考えてきた。

たとえば、上宮王家が滅亡した場面の演出は過剰で、現実味がない。神話じみた設定はどうしたことだろう。焼けた馬の骨を見ただけで一族滅亡を確信したという話は不自然で、また一族滅亡後、法隆寺の上空で伎楽が演じられたという話も理解できない。

さらに、あまた存在した聖徳太子の末裔が、一度に蒸発するように消えてしまったという話も納得しがたい。斑鳩宮《いかるがのみや》に関係者全員が都合良く集まっていたという話は、不可解きわまりないのである。

しかも、山背大兄王は皇位に固執し続けていた。推古天皇亡き後、舒明天皇が即位し、舒明天皇も崩御し、皇極天皇が即位してもなお、皇位を狙い続けた。また山背大兄王たちは、「われわれは蘇我の一族ではないか」と、蘇我本宗家に泣きついてもいたのだ。山背大兄王は、けっして聖人君子などではない。

その山背大兄王が、いったんピンチに立たされると、「私ひとりのために他の人間を巻き込みたくない」と、きれい事を言っている。すでに、腹心《ふくしん》の境部摩理勢は、山背大兄王を推すがゆえに、政争に敗れ、命を落としている。権力闘争に流血はつきものなのだ。挙兵すれば勝つのがわかっているのなら、命を落とした者の気持ちも考え、立ち上がるのが、本当の丈夫《ますらお》、政治家というものである。

それだけならまだしも、逃げれば助かるとわかっているのに、なぜ山背大兄王は、ひとりで死なずに、一族を道連れにしたのだろう。なにもかもが不自然だ。

山城と聖徳太子の接点

山背大兄王の奇妙な行動の謎については、次節で再び考える。ここで注目しておきたいのは、山背大兄王と山城（山背、京都）のつながりである。山城といえば、秦河勝のホームグラウンドではないか。ここに、何か深い意味が隠されていたのだろうか。

すでに触れたように、生駒山に逃れた山背大兄王に対し、三輪文屋は、

「とにかく、深草屯倉《ふかくさのみやけ》（山城）に向かいましょう」

と、進言する。生駒山に逃れたのなら、山城でなく、山の反対側に出て、難波から瀬戸内海を西に向かうという手もあった。それにもかかわらず、三輪文屋は、なぜ「まず山城へ」と誘ったのだろう。なぜ山背大兄王も、「山城に行けば、かならず勝てる」と確信していたのだろう。そして、山背大兄王の名に「山背」（山城）の二文字が紛れ込んでいるのは、偶然なのだろうか（しかも深草は、伏見稲荷のある土地）。

山背大兄王の父は聖徳太子で、母は蘇我系（馬子の娘）の刀自古郎女《とじこのいらつめ》である（ただし、『日本書紀』にこの系譜は記されていない）。母親と山城の関係は不明だが、一方、聖徳太子と山城の間には、かすかな接点がある。それが、「京都のヘソ」と呼ばれる六角堂《ろっかくどう》（頂法寺《ちょうほうじ》。京都市中

京区）だ。境内には、臍石《へそいし》（要石《かなめいし》）があって、かつての六角堂の礎石《そせき》だという。

境内東北隅に聖徳太子二歳像を祀る太子堂があって、その昔太子が沐浴《もくよく》したと言い伝える池が残る。聖徳太子の右腕となって活躍した小野妹子《おののいもこ》の末裔が聖徳太子を偲《しの》び、「太子沐浴の池」のわきに坊を構え、彼らは「池坊《いけのぼう》」と呼ばれるようになった。

そして池坊専慶《せんけい》が、立花《たてはな》で名を挙げ、ここに生け花の原型が誕生していたのはよく知られるところだろう。

六角堂が建てられた経緯は、安永九年（一七八〇）の『都名所図会《ずえ》』に載る「六角堂縁起《えんぎ》」に、次のように伝えられている。

六角堂に祀られる如意輪観音《にょいりんかんのん》は、はじめ淡路国《あわじのくに》の巌屋《いわや》の海に打ち寄せられたものだった。韓櫃《からびつ》に入っていた観音を拾ったのは聖徳太子だった。聖徳太子はこの観音を念持仏にしたのである。

このあと物部守屋征伐に際し、聖徳太子は、

「もし勝たせてくださるのなら、四天王寺《してんのうじ》を建立しましょう」

と誓願《せいがん》した。そこで戦いの後、四天王寺（大阪市天王寺区）を建立しようと山城国の愛宕杣《おたぎのそま》で樹木を伐採した。そのとき槲《かしわ》の木の木陰に念持仏を置いたのだが、念持仏は地面に根を下ろしたかのように動かなくなってしまった。夢に如意輪観音が現われ、

「われは七世を経て、汝《なんじ》の本尊となった。だからここで、衆生《しゆじよう》を利益《りやく》すべきだ」

と告げたのだった。そこで聖徳太子は、ここに小さなお堂を建てた……。

この縁起を信じるならば、六角堂は飛鳥時代の建立ということになるが、現実にお堂が建ったのは、十世紀半ばごろではないかと考えられている。おそらく、小野妹子の末裔がこの地で聖徳太子を祀ったのが、原型であろう。

ところで、六角堂は平安京遷都にかかわっていたらしい。件《くだん》の縁起には、次のような話がある。

桓武《かんむ》天皇が都を遷《うつ》そうと考えたが、ちょうど太子建立の六角堂が道路の上になってしまう。困り果てていると、にわかに黒雲が靡《なび》き、お堂は自分から北側に五丈《じよう》（約十五メートル）ずれてくれた。そこでここに道をつくり、都が完成したというのである。

十四世紀の仏教書『元亨釈書《げんこうしゃくしょ》』にも、ほぼ同じ話が載っていて、鎌倉末期には、このような伝承が生まれていたことが確かめられる。

どこまで本当の話か、ハッキリとしない。もし仮に、伝説どおり聖徳太子が山城とつながっていたとするならば、その関係は秦河勝とのかかわりの中で生まれたのだろう。仏像を与えられた秦河勝は蜂岡寺（広隆寺）をつくり、聖徳太子は秦河勝を寵愛したというからである。

一般に、聖徳太子と秦河勝は力を合わせ、蘇我氏の対立軸を形成していたと考えられている。改革派の聖徳太子に対し、蘇我氏は抵抗勢力となり、秦河勝は聖徳太子側についたというのである。

このように、聖徳太子と秦河勝が結びついていたのなら、山背大兄王が山城や秦河勝を頼っていたとしても、なんら不思議ではないのである。

ところで、山城の屯倉《みやけ》について、井上満郎《いのうえみつお》は、和田萃《わだあつむ》編『史話日本の古代　五　聖徳太子伝説　斑鳩の正体』（作品社）の中で、次のように述べる。

そこに皇室の私有地である屯倉が設定され、おそらくはその管理が古代財政に深く関与していた秦氏に委《ゆだ》ねられていたと思われる。明確な秦氏一族と上宮王家との関係は確認できないにしても、山背大兄王は、秦氏の濃密に居住する深草に達しさえすれば父聖徳太子以来のゆかりをもって再起が可能な状況だったのである。

そして、「聖徳太子を歴史の表舞台に送り出し、そのただ一人のブレーンとしてこれを支えた」のが、秦河勝だったというのである。なるほど、一理ある。

ただし、『日本書紀』を信じるならば、山背大兄王は、

「山城に逃げて秦河勝を頼ってもよいが、それでは河勝をこの争いに巻き込むことになる。それには忍びない……」

と考えたことになる。

では、上宮王家滅亡の翌年、秦河勝は瀬戸内海を西に向かい、播磨へと逃れたという話とどうつながってくるのであろう。山背大兄王との関係が親密であったからこそ、蘇我入鹿に睨《にら》まれた結果ということなのだろうか。つまり、伝承にいう「蘇我入鹿の乱」とは、上宮王

家滅亡事件だったと考えるべきであろう。

だが、秦河勝をめぐる謎は、ここから複雑になっていく。

なぜ秦河勝は故郷に戻らなかったのか

すでに触れたように、秦河勝は播磨に逃れ、「祟る恐ろしい神」になったと言い伝えられている。たしかに、秦河勝は蘇我入鹿の専横に反発し、山背大兄王に荷担《かたん》して政争に敗れたのかもしれない。だから、播磨の地に隠棲《いんせい》したのだろう。そして秦河勝は、蘇我入鹿を恨んで祟ったということになる。

しかしここに、大きな矛盾が隠されている。

もし秦河勝が専横を極めていた蘇我本宗家に睨まれ、流罪《るざい》になったとしても、直後に蘇我本宗家は中大兄皇子と中臣鎌足の手で滅ぼされている。「祟る相手」がいなくなってしまったことになる。

それだけならまだしも、伝承によれば、秦河勝は乙巳の変ののちも、播磨の地で隠れていたというのだ。これが本当なら、秦河勝は復権していてもよかったはずだろう。それどころか、旧政権の横暴にレジスタンスを起こした英雄として、称賛されただろう。秦河勝の抵抗は大いに報《むく》われたはずで、彼が祟るいわれはない。潜伏中の足かけ三年は苦労したかもしれないが、「蘇我本宗家滅亡の報」に接した秦河勝は、解放され、歓喜の雄叫《おたけ》びを上げたにちがいないのである。

播磨に残された伝承を信じるならば、秦河勝は蘇我入鹿の迫害を受けてこの地に逼塞《ひっそく》したが、蘇我入鹿暗殺後もこの地にとどまったまま、山城に戻ることができなかったということになる。

もし秦河勝が蘇我氏と敵対し、争っていたのなら、英雄として都に呼びもどされていただろう。それにもかかわらず、なぜこの地に骨を埋めたのか。

どうにも釈然としない。

梅原猛は『翁と河勝』(角川学芸出版)の中で、秦河勝がなぜ播磨に逃れたのか、次のような推理を働かせている。

秦河勝は聖徳太子に寵愛され、「造《みやつこ》」という低い姓《かばね》でありながら、「小徳《しょうとく》」(冠位十二階の上から二番目)に抜擢《ばってき》されていた。聖徳太子は秦河勝の経済力を活かして、強引ともいえる政治改革を断行しようとしていたと推理する。だからこそ、秦河勝に対する周囲の嫉妬もあり、秦河勝は山背大兄王の事件に際し、安全ではなかったという。上宮王家滅亡後、聖徳太子と山背大兄王という後ろ盾を失い、播磨に流罪になったのか、あるいは西に逃れるほか生き残る道はなかったのだろうとする。

ならば、秦河勝が「祟る」と恐れられた理由を、梅原猛はどう考えたのだろう。

すでに述べたように、梅原猛は、上宮王家滅亡事件の黒幕は中臣鎌足で、蘇我入鹿をそそのかし、山背大兄王の一族を滅亡に追い込んだといい、中臣鎌足の末裔の藤原氏は、恨みを抱いて祟る聖徳太子を法隆寺で丁重に祀ったと推理した（『隠れた十字架』）。そして、聖徳太子とともに、秦河勝も怨霊になっていたのだという。

人間が神として祀られる条件を、柳田國男《やなぎたくにお》はふたつ提示している。（1）生前に大きな力を持っていたか、（2）流罪あるいは死罪になって妄執《もうしゅう》が残る形で死んだか……で、梅原猛は、秦河勝は「二点を十二分に満たしている」と指摘した（『翁と河勝』）。

すでに触れたように、世阿弥の『風姿花伝』には、播磨に逃れた秦河勝が、「荒ぶる神なので、大荒大明神と名付けられた」と記され、祟る神であったことが明記されていた。

世阿弥の娘婿で、円満井座《えんまいざ》の棟梁《とうりよう》であった室町時代の猿楽師・金春禅竹《こんぱるぜんちく》は『明宿集《めいしゆくしゆう》』の中で、秦河勝は「翁の化現《けげん》」だという。

秦の始皇帝も翁で、秦河勝は始皇帝の生まれ変わりであったのだから、秦河勝が翁であったことは疑いなく、だからこそ、この道（猿楽）を興したのだ、と述べる。また、秦河勝はうつほ舟に乗って播磨にたどり着き、祟りをもたらした。大いに荒れ狂う神で大荒神だった。人々は恐れ崇め、宮を建てた。猿楽宮《さるがくのみや》とも、宿神《しゆくじん》ともいった。これをもって秦河勝が翁だったことがわかる、というのである。

世阿弥や親族たちは、先祖の秦河勝を、「祟る恐ろしい鬼」だったと、言い続けていたことがわかる。

梅原猛は、世阿弥ら秦氏の末裔たちの伝承を素直に受けとめ、秦河勝は政治的に敗北し、流され、恨みをもって死んでいったと解釈した。

しかし、腑《ふ》に落ちないことがいろいろある。

たとえば秦河勝の末裔は、「秦河勝は鬼となって祟った」と大仰《おおぎよう》に喧伝《けんでん》してみせるが、秦河勝が亡くなって以降、「彼によって祟られた側」が「祟られた!!」と騒いだ痕跡がまったくないのは不自然だ。

　日本を代表する祟り神・菅原道真《すがわらのみちざね》の場合、彼を追い落とした人々が次々に、まるで狙い澄ましたかのように変死し、誰もが「菅原道真が祟って出た」と確信し、菅原道真を恐れたのである。

　祟りの条件には、柳田國男があげる二点だけではなく、もうひとつの要素がある。それは、「現実に誰かが恐ろしい思いをして、しかも誰もが思い当たる節《ふし》がある」ということである。むしろ、これがいちばん重要なのではないか。

　ここでの問題は、秦河勝の場合、「秦河勝が祟っている」と感じるような事件がなかったことだ。少なくとも、歴史や物語、日記には、何も記録されていない。もし梅原猛の推理するとおり、上宮王家滅亡事件の黒幕が中臣鎌足で、秦河勝が中臣鎌足を恨んでいたのなら、後の世の藤原氏は、法隆寺のみならず、秦河勝の祀られる広隆寺をも丁重に祀りあげただろう。しかし、そのような様子は、まったくない。その代わり、広隆寺では、聖徳太子三十三歳像が、まるで「祟り神」であるかのように敬われていたのだった。

　祟っていないのに祟ったと喧伝されたのが、秦河勝なのだから、ここに、違和感を覚えずにはいられない。このような人物は、他に例がないからである。

一見して些末《さまつ》なことにこだわっていると思われよう。秦河勝が祟っていようがいまいが、それはどうでもよいことと思われるかもしれない。秦河勝の祟りが「世阿弥の創作」であった可能性も否定できない。

しかし、ここで引き下がることはできない。なぜなら、秦河勝の播磨行き、そして蘇我入鹿の死後も中央に戻らなかったことには、大きな秘密が隠されていたように思えてならないからである。

そこで、改めて秦河勝の正体に迫ってみようと思う。

第三章

日本文化の基層をつくった渡来氏族＝秦氏

没落する秦氏

なぜ世阿弥は、『風姿花伝』に「尊い御先祖様は祟る鬼だった」と、特記したのだろう。秦河勝自身に、いまだ知られざる秘密が隠されているというのだろうか。なによりも、秦河勝が祟る鬼だったことを「告白」することによって、世阿弥にどのような利益があったというのだろう。あるいは、世阿弥は何かを訴えたかったのだろうか。

これまでの通説どおりに考えれば、聖徳太子や山背大兄王の後ろ盾となって蘇我氏と反目したのが秦河勝だった。それならば、「秦河勝は正義の味方」と喧伝すべきであった。そうではなく、「秦河勝は祟る鬼」と述べているところに、注目すべき謎が隠されている。

もうひとつ謎めくのは、『日本書紀』の態度である。

改めて述べるまでもなく、『日本書紀』は蘇我入鹿を「大悪人」と決めつけた。その一方で、秦河勝と蘇我氏との対立と反目《はんもく》を、「山背大兄王の滅亡に至る過程で暗示するにとどめた」ことになる。これはなぜだろう。なぜ、秦河勝の活躍を記録しなかったのだろう。なぜ堂々と、山背大兄王は秦河勝を頼りにしていたと、記録しなかったのか。

『日本書紀』の記事に従えば、乙巳の変の蘇我入鹿暗殺の立役者は、中大兄皇子と中臣鎌足だ。ふたりは法興寺（飛鳥寺）の打毬《うちまり》の会で意気投合し、皇室の危機を憂え、蘇我入鹿暗殺の密議を重ねていく。この過程で、ふたりは、

「大事をなすにはひとりでも多くの味方が必要だ」

と述べ、頷《うなず》きあっている。ところが、中大兄皇子らが頼ったのは、蘇我倉山田石川麻呂《そがのくらやまだいしかわのまろ》だったと『日本書紀』はいう。

このとき、なぜ中大兄皇子らは、

「そういえば、山背大兄王の事件で、蘇我氏と対立してひどい目に遭《あ》った秦河勝はどうだろう」

と、思いつかなかったのだろうか。秦河勝は播磨に潜伏していたとしても、「日本各地にネットワークを張りめぐらせた秦氏の底力」を利用することも可能だったはずだし、播磨に密使を送り込んで、協力を要請することもできたはずなのだ。秦氏が蘇我氏に恨みを抱いているのだとすれば、これほど心強い味方はいない。

なぜ中大兄皇子と中臣鎌足は、秦河勝とコンタクトをとらなかったのだろう。あるいは、裏側で通じていたのに、表の歴史から、両者の関係は抹殺されたということなのだろうか。

不思議なことはまだまだたくさんある。

平安時代以降、秦氏の中央政界における目立った行動は鳴りをひそめるが、そうこうしている間に、秦氏は、「最下層の人々」の仲間入りを果たしていく。すなわち、差別される人々の多くは、秦氏と強く結ばれていくのである。

これはいったいどういうことだろう。

差別される人々の多くは、農地を耕さず、定住せず、私的隷属《れいぞく》を拒み、漂泊する人たちだった。だから、「道々《みちみち》の輩《ともがら》」とも呼ばれた。芸能民、勧進《かんじん》(旅をして説法をする身分の低い僧)、遊女《うかれめ》、鋳物師《いもじ》、木地屋《きじや》、薬売りなどの商工民、職人などの道々の輩が、代表的な例だ。また、山の民、川の民も、最下層の人間とみなされた。

律令《りつりよう》(法律)制度の原則は、各地の土地を一度国家(天皇)の所有にし、戸籍をつくり、頭数に応じて農地を分配し、その見返りに税と労役《ろうえき》、兵役《へいえき》を課そうとするものだった。

したがって、法で支配する側から見れば流浪する者たちは厄介《やつかい》な存在だった。奈良時代すでに、重税に喘《あえ》ぎ、農地を手放し、漂泊し、乞食坊主《こじきぼうず》となり、都の東側に徒党を組んでいる人たちがいたという。少なくとも数千人、多いときは一万人に達したというから、彼らを野放しにしておけば、律令制度は破綻《はたん》してしまう（事実破綻した）。だから朝廷は、彼らを取り締まっていった。そして、律令制度の枠からはずれた彼らこそ、道々の輩の原型となっていったのである。

また、元々は神聖な存在だった者が、しだいに差別される者に変貌していった例もある。たとえば巫女《みこ》は、そもそも「神遊び」をする「聖女」だったが、零落して「遊び女」となった。神社のわきに花街《はなまち》が残るのはこのためだ。

俗界の権力者にとって厄介だったのは、被差別民の中に「供御人《くごにん》」の流れを汲《く》む者がいたことで、彼らは神や天皇に仕えていた。神社や天皇に供御（飲食物などのお供え）を献ずる見返りに、神社や天皇から、通行の自由、税や諸役の免除、私的隷属からの解放という特権を勝ち得ていたのである。

芸能も、元をたどれば神祭りが起源であり、芸能の民は、「元々は聖なる人々」であったことが少なくないし、少なくとも彼らはそう考えていた。芸能の民は、まさに聖なる人々の末裔であった。

能（猿楽）は元々、神楽《かぐら》や田楽《でんがく》から派生したものだ。宮廷や神社で神を祀る舞楽が神楽だが、神座《かむくら》や神遊びともいう。田楽は、田植えに際して田の神を祀る農耕儀礼だった。平安時代に田楽法師《ほっし》が現われ、鎌倉、室町時代に、田楽能へと発展していく。

能のもうひとつの起源は、奈良時代に中国から伝わった舞楽＝散楽《さんがく》で、日本の神楽と融合して猿楽になった。「散」が「猿＝山の神」とつながっていき、日本の芸能と融合していく。

猿楽者の役目は、怨霊《おんりょう》を鎮《しず》めることで、その怨霊とは、国家権力によって罪なくして反逆の罪を負わせられた者であり、彼らは無念の思いを抱いて死んでいった者たちだとする説がある（水本正人『宿神思想と被差別部落』明石書店）。

猿楽＝能は、「呪師《しゅし》」（呪術師）の芸能が発展したものとされており、強い霊性に裏打ちされた猿楽が、何かしらの呪術性を帯びていたことは、間違いあるまい。

ではなぜ、秦河勝の末裔が、能楽の中心に立っていたのだろう。そこで改めて、秦氏がどこからやってきたのか、その正体をたどっておきたい。

「幡」と「秦」

これは意外な話なのだが、秦氏がいつごろやってきたのか、誰の末裔なのか、『日本書紀』

を読んでも、正確なことはわからない。巨大勢力で大きな影響力を持っていた秦氏の素性が、正史からは読み取れないのは、異常なことである。

では一般に、なぜ秦氏が新羅からやってきたと考えられているかというと、その他の資料から、おおよその見当がつくからだ。

『古事記』には、応神天皇の時代、秦造《はたのみやつこ》の祖と漢直《あやのあたい》の祖、それに新たな醸造技術をもった仁番《にほ》（またの名を須々許理《すすこり》）なる人物が渡来したと記録している。秦氏も漢氏も、日本に多くの技量と知識をもたらした代表的渡来人だが、残念なことに、この記事から、彼らの祖が誰だったのかを割り出すことはできない。

『日本書紀』編纂《へんさん》から百年ほどあと、弘仁《こうにん》六年（八一五）に成立した『新撰姓氏録《しんせんしょうじろく》』によれば、「応神天皇十四年、融通王《ゆうつうおう》（またの名を弓月王《ゆづきのきみ》）が、二十七県の百姓《おおみたから》を率いて帰化した」とあり、これが秦氏の祖だったという。この記事と、『日本書紀』にも、弓月王によく似た「弓月君《ゆづきのきみ》」の記事が載っていたことから、秦氏の祖が、この人物ではないかと考えられている。

『日本書紀』応神天皇十四年是歳《このとし》の条には、その弓月君にまつわる次のような記事が載る。

百済から弓月君が来朝し、「私は、自分の国の百二十県の人夫《たみ》（公の使役に携わる民）を率いて帰化するためにやってこようと考えました。ところが、新羅の人々に足止めをくらい、みな、加羅国《からのくに》にとどまっております」という。そこで葛城襲津彦《かつらぎのそつびこ》を遣わし、加羅にいる人夫を招かせようとした。ところが、葛城襲津彦はその後、三年帰ってこなかったという。

ちなみに、秦氏の「ハタ」の由来は、よくわかっていない。ただ、数々の推論が提出されている。たとえば、朝鮮語の「海」を意味する「pata」から来ているとも、秦氏が大勢力であったから、「多い」を意味する「hata」からきたものともされる。また、「ハタ」が「海」を意味していることから、秦氏の故地は朝鮮半島最南端の伽耶《かや》系新羅ではないかとする説がある。

ひとつ、忘れてならないのは、宇佐八幡（宇佐神宮）だ。第一章で触れたように、宇佐八幡と秦氏は強く結ばれているが、「八幡」の「幡」は「ハタ」なのだから、「秦」とつながるのではなかろうか。

八幡の名の由来については、いくつもの説がある。

「八」は八百万《やおよろず》、八十神《やそかみ》など、「多い」「大きい」を表す慣用句だから、八幡は「多くのハタ」で、『宇佐託宣集《うさたくせんしゅう》』に、「八流《やつながれ》の幡《はた》を天降《あまくだ》し」とあるところから、「祭祀に多くの幡を立てたから」という推理がある。ただし、「幡」は幡でも、仏教で用いられる「灌頂幡《かんじょうばん》」ではないか、ともいう。

一方、神功皇后摂政前紀《じんぐうこうごうせっしょうぜんき》（『日本書紀』）には、「幡」と「秦」の謎を解き明かすためのヒントが残されている。次の場面だ。

仲哀《ちゅうあい》九年三月一日、神功皇后は吉日を選んで斎宮《いつきのみや》に入り、自ら神主となって、武内宿《たけのうちのすく》禰《ね》に命じて琴を弾かせ、中臣烏賊津使主《なかとみのいかつのおみ》を召して審神者《さにわ》（神託の意味を解き明かす人）にした。そこで、「千繒高繒《ちはたたかはた》」を琴の頭と尻の部分に置き、神にお伺《うかが》いを立てたというのである。

問題は「千繒高繒」で、これを「幣《ぬさ》」とする説が根強いが、どうもこれは日本人的解釈らしい。というのも、朝鮮半島の集落祭祀では、多数の旗をたて並べる風習があって、その旗に神が降りてくると信じられていたからだ。

『魏志《ぎし》』東夷《とうい》伝《でん》馬韓《ばかん》条に、「祭りに際し、大木を立てる」とあるが、神木《しんぼく》のまわりを群集が歌って舞い、天神《あまつかみ》を神木に招いて祭るという習俗があって、現在でも韓国の農村で行なわれる農楽では、神木に見立てた農旗に神を招く。

大和岩雄は、これら朝鮮半島の習俗から、八幡の「ハタ」の意味を、次のように考える。

幡《はた》は神の依代《よりしろ》であり、幡そのものが神とみられている。だから、八幡の「幡」は仏教の灌頂幡でなく、幡《はた》であろう。（『秦氏の研究』大和書房）

この推理に、説得力を感じる。八幡の「幡」は、朝鮮半島から北部九州にもたらされた習俗なのだろう。そして、秦氏の名の由来も、この「幡」（旗）から採った可能性は、高いはずである。

ところで、『新撰姓氏録』左京諸蕃上《さきょうしょばんじょう》・太秦公宿禰《うずまさのきみのすくね》条には、秦氏が「秦《しん》の始皇帝の末裔だった」と記されている。

秦の始皇帝の三世孫・孝武王《こうぶおう》の末裔・功満王《こうまんおう》が仲哀天皇の八年に来朝し、子の融通王は、応神天皇の十四年に二十七県の百姓を引き連れ、帰化した。仁徳《にんとく》天皇の御代《みよ》に、百二十七県の秦氏を諸郡に分かち置き、蚕を養い、絹を織って貢上《こうじょう》させたとある。同書山城国諸蕃・秦忌寸《はたのいみき》条にも、「秦始皇帝の後」とある。

おそらく、秦氏自身が主張し、語り継いできたのだろう。では、この壮大な始祖伝承は、秦氏の捏造《ねつぞう》なのだろうか。

『魏志』東夷伝辰韓《しんかん》条には、次のような話が載る。「辰韓（のちの新羅）は馬韓《ばかん》（のちの百済）の東にある。古老が伝えて言うには、辰韓の人々は秦の重税や苦役から逃れ、馬韓の東側を割《さ》いて住まわせたといい、秦の人に似ていたため、「秦韓《しんかん》」とも呼ばれていたという。

辰韓と馬韓に挟まれていたのが弁韓《べんかん》（のちの伽耶、加羅）で、弁辰《べんしん》ともいう。『魏志』東夷伝弁辰条は、次のように伝える。弁辰と弁韓の人々は混じって生活し、風俗は似ている。養蚕が得意で、布を織るという。『日本書紀』や『古語拾遺《こごしゅうい》』、『新撰姓氏録』にも同様の記事があり、秦氏とこの地域は、強く結ばれている。

つまり、秦氏は朝鮮半島南東部からやってきたことは確かにしても、その根っこをたどっていくと、「秦」とつながっていても、なんら不思議はなかったことになる。ただ、明確に証明することはできないが……。

秦氏と秦の始皇帝のつながりを積極的に評価する考古学者が、森浩一《もりこういち》である。

秦氏が遠く溯《さかのぼ》ればどこからやってきたのかを考えるのに、何か材料はないだろうか。私はやはり各集団にとってその氏の伝統の非常に強く出るのは、生産方面の技術だと思うのです。この場合の生産方面とは、特に水田の作り方です。もっと言うならば、川の水の引き方であります。（京都文化博物館編『古代豪族と朝鮮』新人物往来社）

こう述べて、森浩一は、秦氏の築いた葛野大堰《かどののおおい》と秦《しん》の都江堰《とこうえん》を例に挙げている。

秦は戦国時代の国で、灌漑技術が非常に発達していた。水田を開発し、富を蓄えた。四川《しせん》省《しょう》の成都《せいと》の郊外には、都江堰があって、山から平野に向けて川が出てくる境目につくられた堰で、人工の島を川の中につくって、流れを分断し、灌漑《かんがい》用水を確保することで、一帯を穀倉地帯に変えたのだ。当時の最先端技術によってつくられたものである。

この都江堰の構造が、嵐山《あらしやま》の渡月橋《とげつきょう》のすぐ近くに秦氏によって築かれた葛野大堰とそっくりなのだという。そして奈良時代、秦氏は、秦の技術でつくったと自慢している。また、大井《おおい》神社が祀られるちょうど同じ位置に、秦では廟《びょう》が築かれ、かたや大井神社の祭神は、現在は宇賀《うが》霊神《みたまのかみ》だが、古くは都江堰をつくったときの国王・昭王《しょうおう》だったようだ。

十一世紀初頭に編纂された『政事要略《せいじようりゃく》』には、「秦氏が一族を率いて造営した。その昔、秦の昭王が川をせき止め、水路を築き、広大な田を開いた。その結果、秦国の富は数倍になった。葛野大堰は、これに倣《なら》ってつくられた」とある。

秦氏が秦国から朝鮮半島に落ち延び、さらに、日本列島にやってきた可能性は、否定しがたい。

秦氏はまとめて渡来したわけではない

次に秦氏はいつごろ来日したのだろう。

渡来人の渡海のピークは、弥生時代以降、三つある。いずれも、朝鮮半島の争乱状態が原因であった。（1）四世紀末から五世紀初頭、（2）五世紀後半から末期、（3）七世紀後半である。

秦氏の来日も、一般的には、（1）に当てはまると考えられている。応神天皇の時代が、おおよそ四世紀末から五世紀初頭のことと考えられているためだ。『日本書紀』応神三年の条に、百済の阿花王《あかおう》の即位記事がある。これは西暦三九二年のことで、『日本書紀』は弓月君の渡来はこれから十一年後のことというから、秦氏の祖が弓月君なら、秦氏の渡来は五世紀初頭ということになる。

また、応神紀にいう百二十県の人夫がどれほどの数なのかは、はっきりとはわからないが、膨大《ぼうだい》な人数だったことは間違いないだろう。なぜこのような大量の移民が生まれたのかといえば、四世紀末から五世紀にかけて、朝鮮半島では天候不順から飢餓《きが》状態になっていたからだ。高句麗《こうくり》の南下政策が始まり、争乱状態の中、飢餓と戦乱を避け、多くの人が海を渡ったのである。その様子を詳しくみておこう。

ちょうど四世紀末から五世紀初頭にかけて、朝鮮半島は動乱の時代を迎えていた。広開土王碑文《こうかいどおうひぶん》と『三国史記《さんごくしき》』の記事から、高句麗と新羅が手を組み、百済を攻撃し、倭は百済を救援し、出兵をくり返していた様子が見てとれる。

またこのころ、朝鮮半島南部は、たびたび干魃《かんばつ》に見舞われていた。西暦三九七年秋七月に、新羅で日照りが続き、イナゴが大量発生し、凶作となった。新羅の日照りは、四〇一年にもくり返される。百済では、四〇二年に日照りに苦しめられ、稲が枯れた。四一七年にも、日照りがあって、民は飢えたというのだ。

そのような中で、高句麗の南下政策が始まったから、いっそう混乱した。三九九年、高句麗が百済で兵士を徴発したため、多くの民が兵役を逃れ、飢餓に苦しむ新羅に流れ込んでいる。また、広開土王碑文には、西暦四〇四年に、高句麗は新羅を後押しし、朝鮮半島南部に満ちてきた倭軍を破ったとある。

この時期の日本列島内の渡来人の増加は、考古学的にも確かめられている。朝鮮半島系の遺物が増えているのだ。たとえば須恵器《すえき》が出現するのは五世紀初頭のことだ。

ヤマトの王家が、巨大な前方後円墳《ぜんぽうこうえんふん》を造営し始めたのも、大量の渡来人が流入したことと関係していると考えられている。また、五世紀後半に出現した雄略《ゆうりゃく》天皇は、中央集権国家を目指して邁進《まいしん》しているが、ちょうどこのころ、ヤマトの王家は朝鮮半島から流れ込んだ渡来人をまとめ上げ、知識と技術を独占的に支配することによって、急速に力と富を蓄えていくようになった可能性が高いのである。

ところで大和岩雄は、秦氏は六世紀に来日したのではないかと指摘している。それはなぜかといえば、秦氏は新羅とのつながりが深いのに、『日本書紀』は弓月君が百済からやってきたと記録していること、応神十四年の弓月君来日説話に「秦」の名がからんでこないこと、応神十六年に加羅から「弓月の民（人夫）」がやってきているが、これこそ、秦氏のだったと指摘し、「秦《はた》の民《たみ》」は加羅の金海《きんかい》（釜山《プサン》の西）の出身で、五世紀前後から六世紀前半に来日したと推理している（『秦氏の研究』）。

しかし筆者は、別の考えを持つ。このあと触れるように、「秦氏」は、ひとりの祖から出た血縁によるまとまりではない。ヤマト朝廷が便宜上「秦氏」というグループでくったのであって、彼らが同時に渡来したと考える必要はない。

「一部の秦氏の祖」は、かなり早い段階で来日していたのではないかと、筆者は疑っている。具体的には、ヤマト建国の前後である（のちに再び触れる）。仮にそうでなくとも、通説のいうように五世紀初頭や、大和岩雄が述べるように、六世紀前半にいっぺんに渡来してきたと決めつける必要はないのではなかろうか。

たとえば秦氏の機織の技術は、五世紀以前にもたらされたとされている。また平野邦雄《ひらのくにお》は「秦氏の技術はきわめて在地性がつよく、後進的で、宮廷的・都市的な漢氏の先進技術と対比される」（『帰化人と古代国家』吉川弘文館）と述べる。

秦氏といえば、養蚕と機織《はたおり》

秦氏は渡来人であるとともに、古代最大の豪族といっても過言ではないが、何を生業《なりわい》にしていたのか。もっとも力を入れていたのは、養蚕と機織であろう。

たとえば『日本書紀』雄略十五年の条には、次のようにある。

秦の民を臣《おみ》と連《むらじ》ら（他の有力氏族）が勝手に使役し、秦造《はたのみやつこ》（秦氏）には委ねなかった。だから秦造酒《さけ》はとても憂《うれ》えたまま、天皇に仕えていた。天皇は秦造酒を寵愛していたので、詔《みことのり》して秦の民を集め、秦造酒に下賜した。だから秦造酒は、大勢の人々を率い、庸《よう》（麻布）と調《ちょう》（絹と絁《あしぎぬ》）と上質の絹を奉献し、朝廷に積み上げた。そこで姓《かばね》を賜《たまわ》り、「（うずたかく盛り上げたから）ウヅマサ」とした。

雄略紀十六年秋七月の条には、

「詔して、栽培に適した土地に桑を植えさせ、秦の民を分けて移住させ、庸と調を献上させた」

とある。

『古語拾遺』にも、似た記事がある。

長谷《はつせ》の朝倉《あさくら》の朝《みかど》（雄略天皇）の時代、秦氏は分かれて、他の氏族に従属した。その中でも秦酒公《はたのさけのきみ》は雄略天皇に寵愛された。雄略天皇は詔《みことのり》し、秦氏（秦の民）を集め、酒公に賜った。百八十種《ももやそくさ》の勝部《すぐりべ》（多くの帰化系の職業団体）を率い、養蚕に励み、機を織り、調《みつき》をたてまつり、朝廷に積み上げた。そこで雄略天皇は、「宇豆麻佐《うづまさ》」の姓を下賜した。なぜ「ウヅマサ」なのかというと、積むままに「埋《うづ》み益《ま》す」からだという。また、貢上された絹・綿は、肌に柔らかかった。そこで「秦」を「ハダ」というようになった。そして、秦氏の貢上する絹をもって、神を祀る剣の柄《つか》に纏《ま》くようになった。今でもそうしている。いわゆる「秦《はだ》の機《はた》纏《まき》」の起源である。ここからあと、諸国の貢調は、毎年満ちあふれた。そこで大蔵《おおくら》を建てて、蘇我麻智《そがのまち》（満智）宿禰《すくね》に三蔵《みつのくら》（斎蔵《いみくら》・内蔵《うちのくら》・大蔵《おおくら》）を検校《けんぎよう》せしめ、秦氏をして出納《あげおろし》を管理させ、東西《やまとかわち》の文《ふみ》氏に、帳簿を記録させた。漢《あや》氏に姓を下賜し、内蔵・大蔵とした。今、秦・漢の二つの民をして、内蔵と大蔵を管理させている理由がこのような経緯だったとい

秦氏の隆盛を支えた養蚕

木嶋坐天照御魂神社には「かいこのやしろ」と彫られた石柱が境内に残る

「蚕の社」は通称で、本殿の東側（向かって右側）にある養蚕神社がその名の由来となっている

う。

やはり、ここでも秦氏と機織、養蚕は強く結びついている。

『新撰姓氏録』や『日本三代実録《さんだいじつろく》』にも、秦氏と養蚕のつながりが記録されている。

京都市右京区太秦には、第二章で述べた秦氏の氏寺《うじでら》・広隆寺があって、境内の東の端に木嶋坐天照御魂神社が鎮座し、さらに本殿の東側には養蚕神社《こかい》が祀られる。このように、秦氏と養蚕は、いたる場面で結びつく。

同じく秦氏の祀る伏見稲荷大社も、養蚕とは関わりが深い。

ところが、関晃《せきあきら》は『帰化人』（講談社学術文庫）の中で、かつての常識を疑ってかかった。秦氏が機織の伴 造《とものみやつこ》である証拠が少なく、機織関係の官司《かんし》との関係も見受けられないという。そして、太秦（禹豆麻佐《うずまさ》）の名の由来を説明するために、機織の説話がつくられたというのである。この考えが、しだいに有力視され、多くの賛同者を獲得するようになったが、また近年、「素直に秦氏と養蚕、機織を結びつけるべきではないか」という指摘が盛り返している。秦氏の地盤であった葛野地方では、水田が少なかったことがわかっていて、米をつくらず、養蚕をしていた可能性が高いという。

たとえば加藤謙吉《かとうけんきち》は、次のように指摘している。『日本書紀』雄略六年三月条に、天皇が少子部蜾蠃《ちいさこべのすがる》に命じ、「蚕《こ》」を集めさせたところ、誤って「嬰児《わかご》」（「蚕」と同音の「子」）を集めて奉献してしまったとある。一方『新撰姓氏録』には、小子部雷《いかづち》が雄略天皇の時代、秦の民を集めたという記事があって、二つは同質の話であった可能性が高く、これらの説話が秦氏と「蚕」を結んでいるというのだ。

さらに、『日本書紀』皇極三年（六四四）七月条には、東国の大生部多《おおうべのおお》が虫を祀ることを奨励し、人びとを惑《まど》わしていたので、秦河勝が懲《こ》らしめたという記事がある（のちに詳述）。この中で、「虫は蚕のようだった」と記されているところから、次のように述べる。

この事件の真相は多が秦氏の養蚕信仰を換骨奪胎《かんこつだったい》し、東国で新しい教えを起こしたことに対して、その波及による人心の動揺を恐れた中央政権の側が、鎮圧のために河勝を派遣したものと理解できる。（『秦氏とその民』白水社）

この指摘は、説得力を持つ。
やはり、加藤謙吉の指摘するように、秦氏と養蚕は、強くつながっていたと考えるべきだろう。

九州に存在した秦王国《しんおうこく》

秦氏が大きな勢力であったことは、九州北東部に「秦王国」と呼ばれる地域が存在したことからも知ることができる。「王国」とは何ごとであろう。
『隋書《ずいしょ》』倭国伝には、次のような記述がある。

朝鮮半島から対馬《つしま》を経て壱岐《いき》に至り、さらに海を渡ると筑紫《ちくし》(竹斯国)に至る。そこから東に行くと秦王国があり、その人々は、中国人とよく似ている。台湾の人かと疑われるが、明らかではない。

その上で、筑紫から東は、みな倭に従っているというのだ。すなわち、秦王国の人々は中国からの渡来人のように見え、彼らが集団となってその地域に住み、王国を築いている、という。そしてその王国は、ヤマトに従属している、というのである。

では、秦王国とはどこにあったのだろう。おそらく、それは九州北東部の豊前であろう。豊前と「秦氏」のつながりは深く、たとえば正倉院文書《しょうそういんもんじょ》の「豊前国戸籍」（大宝《たいほう》二年［七〇二］編纂）によると、その中心部では、秦系が総人口の八割以上を占めるとある。圧倒的な人数だ。

秦系だけでなく、この一帯には新羅（あるいは新羅系伽耶）系渡来人の伝承が濃密に残されている。

宇佐からほど近い国東《くにさき》半島のそばに姫島《ひめしま》があって、比売語曾《ひめこそ》神社が祀られる。祭神は大加《おおか》羅《ら》から逃げてきた童女で、あとを追ってきたのが、アメノヒボコ（天日槍《あめのひぼこ》・天之日矛《あめのひぼこ》）である。

なぜ朝鮮半島南部の人たちがこの一帯に住みつき、多くの伝承を残したのかといえば、朝鮮半島とヤマトを結ぶ交通の要衝《ようしょう》だったからだろう。朝鮮半島の争乱から逃れてきた人たちがこの地にコロニーを形成していたのである。

そしてもうひとつ、北部九州に多くの資源が眠っていたことも、渡来人が密集していた大きな理由のひとつではあるまいか。朝廷がこの地の資源開発に、渡来人をあてがった可能性がある。

この地域を代表する神社といえば、宇佐神宮や香春《かわら》神社（福岡県田川《たがわ》郡香春町）だが、どちらも新羅系の渡来人が祀っていたと考えられている。彼らは秦氏とつながるから、この一帯が秦王国と呼ばれたのだろう。

『宇佐託宣集』には、次のように記される。

豊前国宇佐郡の菱形池《ひしがたいけ》の近く、小倉山《おぐらやま》の山麓に鍛冶《かじ》の翁がいて、八つの頭を持つ化け物のような姿だった。姿を見ると殺されるので、近づく者はいなくなった。大神比義《おおがのひぎ》が鍛冶の翁を見に行くと、金色の鷹が木に止まっていた。祈禱《きとう》して尋ねると、鷹は金色の鳩に変じ、大神比義の袂《たもと》にやってきた。神が人に利益をもたらそうとしていることを察した大神比義は、山中で修行を始め、三年後、神託を得る。三歳の童子が竹の葉の上に乗り、

辛国《からくに》の城《き》に始めて八流《やつながれ》の幡《はた》を天降《くだ》して、吾《われ》は日本の神となれり

と告げたのである。

この「三歳の童子」が、宇佐八幡神である。

八幡神が発した「辛国の城」が、どこを指すのか、諸税あってはっきりとわかっているわけでない。ただ、「辛国＝韓国《からくに》」が朝鮮半島と深くかかわりのある日本の地名であることは、間違いない。新羅系渡来人が祀る神が「韓国と関わりが深い」と言い放つのは、むしろ当然のことなのである。

すでに触れたように、八幡神の「ハタ」は「秦」に通じる。やはり、秦王国と「カラ国」と秦氏は、強くつながっている。

『豊前国風土記』逸文は、「鹿春《かはる》」（香春）の名の由来について、その昔、新羅の国の神が渡り来たり、ここの河原に住んだからだと述べる。また、郷の北に峰があって頂《いただき》には沼がある。三つの峰からなり、第一の峰には黄楊《つげ》の木が生え、竜骨《たつのほね》（動物の骨の化石）がある。第二の峰には銅や黄楊、竜骨などがある。第三の峰には竜骨がある、という話が載っている。

竜骨や黄楊が採れることが強調されているのは、貴重な資源だったからだろう。竜骨は薬に用いられたが、黄楊は、将棋の駒に用いるように、非常に堅い木材で、数珠《じゅず》などにも用いられた。古代社会においても、特殊な木材として珍重されたのだろう。

そして、もうひとつ、香春岳《かわらだけ》から「銅」が産出されていたことは、大きな意味を持っている。

香春神社の祭神は、辛国息長大姫大目命《からくにおきながおおひめおおまのみこと》、忍骨命《おしほねのみこと》、豊比咩命《とよひめのみこと》の三神で、『風土記』の記述に新羅の神がやってきて香春に住んだとあるように、祭神の名に「辛国＝韓国」がある。『延喜式《えんぎしき》』によれば、鋳銭《ちゅうせん》の原料となる銅と鉛は、長門《ながと》と豊前で産出していると記録されている。香春岳には、古い洞穴や大字「採銅所《さいどうしょ》」の地名が現在も残されている。

人工的につくられた秦氏や漢氏《あや》

代表的渡来人といえば、秦氏と漢氏だ。

秦氏は聖徳太子や上宮王家と緊密な関係を持ったと考えられるが、では漢氏はどうだろう。漢氏の中でも東漢氏《やまとのあや》は、はじめは大伴氏《おおとも》とつながり、しだいに蘇我氏と結ばれていった。また西漢氏《かわらのあや》は、物部氏とかかわりを持っていく。

そこで知りたくなるのは、秦氏や漢氏がどのような集団だったのか、ということだ。『日本書紀』や『新撰姓氏録』などの記事から、彼らは同じ祖をいただく血縁で結ばれた氏族で、多くの同胞を朝鮮半島から引き連れて来日したとかつては考えられていた。しかし、しだいに、王家の都合によって便宜的にまとめ上げられた、いわば「複合的、擬制的、人工的な氏族」で、職務分掌《ぶんしょう》組織を構成していたのではないかと、疑われるようになってきた。

たとえば加藤謙吉は、東漢系の坂上《さかのうえ》氏（のちに坂上田村麻呂《たむらまろ》を出した）の系図に注目して、東漢氏は、王権側の都合によって形成されたのではないかと指摘している（『秦氏とその民』）。その主張を要約すると、次のようになる。

『新撰姓氏録』（逸文）によれば、雄略天皇の時代に阿知使主《あちのおみ》の子・都賀使主《つかのおみ》が直《あたい》の姓《かばね》を下《か》賜《しゃく》され、その「三腹《みはら》」（三人の子）――山木直《やまきのあたい》、志努直《しぬのあたい》、爾波伎直《にわきのあたい》――の末裔の六十三氏が、東漢氏を形成するようになったとある。ところが、この説話は疑わしいというのだ。詳細に検証すると、三つの始祖から分裂していったとは考えられないケースが散見できるからである。

たとえば、坂上系図が掲げる「三腹」所属の六十三氏以外にも、有力な東漢系の豪族が存在する。つまり、彼らは「三腹」の系図から抜け落ちていたことになる。これは、不注意ではなく、故意に削除したとしか考えられない。

第二に、『新撰姓氏録』（逸文）には、肝心な山木直、志努直、爾波伎直の名が欠落している。東漢氏にとって大切な「三腹」の名が登場しないのは、不自然である。

さらに、長尾忌寸《ながおのいみき》ら四つの氏族が、それぞれ複数存在し、三腹の内でも祖を異《こと》にする集団に分かれている。これは不自然だ。

加藤謙吉は、このような『新撰姓氏録』（逸文）の記事は杜撰《ずさん》であり、坂上氏が独自に構想、主張したものと考え、その一方で東漢氏の枝氏がこぞって「都賀直《つかのあたい》が祖」というのは、都賀使主を共通の祖とする同祖意識にあったためと理解することができる。換言すれば、都賀使主よりも後の系譜的諸関係は、東漢氏の同族結合にとって第二義的な意味しか持ち合わせぬものであった。

といい、東漢氏の氏族組織は、

本質的には血縁関係ではなく、別の結合原理によって成り立っているると推測することができよう。

と指摘したのである。

さらに、目を秦氏に転じれば、やはり『新撰姓氏録』には、「腹」による分岐という形で「ウジ」（氏）の成り立ちが述べられている。しかし、東漢氏同様、系譜を検証していくと、いくつもの「腹」によって分かれていったという説明は信じることができず、「擬制的同族組織」をまとめ上げるための方便に過ぎなかったと指摘し、次のように述べる。

組織を管掌する渡来系諸氏がハタの氏称を共有して擬制的な同族団を形成したこと、その支配下集団がハタヒト・ハタヒトベ・ハタベ（秦人・秦人部・秦部）に編入されたことにより、秦氏の一大氏族組織と支配組織が誕生したと推察されるのである。

ちなみに、ここに登場する「秦人・秦人部・秦部」は、渡来系ではなく、土着の農民が秦氏のもとに組織化されたものだ。

ところで、いつごろ朝廷は漢氏や秦氏を束《たば》ねていったのだろう。

たとえば東漢氏の場合、地盤となった檜隈《ひのくま》（奈良県明日香《あすか》村）や軽《かる》（奈良県橿原《かしはら》市）の地域に五世紀半に渡来人が住み始めた痕跡（大壁建物、オンドル遺構、半島系土器）が見つかっている（奈良県高市郡高取町の清水谷《しみずたに》遺跡）。

この過程で、渡来人たちは、「ウジ」を形成し、固められていったようだ。擬制的な同族集団が、こうして生まれていった。その代表例が、東漢氏であった。文《ふみ》氏（書《ふみ》氏）、民《みたみ》氏、坂上氏、谷《たに》氏、内蔵《くら》氏、長《おさ》氏らの集合体である東漢氏は、今来《いまき》の才伎《てひと》（新たに渡来した技術者）を加え、新技術、新たな知識を駆使して、活躍したのである。

ではなぜ、渡来人たちは、擬制的な氏族としてまとめられなければならなかったのだろう。加藤謙吉は『大和の豪族と渡来人』（吉川弘文館）の中で、「渡来系の職務分掌組織の編成を急務とした主権側の強い働きかけが存した」といい、内的な要因としては、故国と日本のふたつの「地縁」が互いに作用したのだろうと指摘している。

そこで思い返されるのが、先に触れた『日本書紀』雄略十五年の記事（太秦の由来）だ。そこには、秦酒公に秦の民を集めて下賜し、秦酒公は百八十種の勝部《すぐりべ》を率いて、庸、調、絹などを奉献し、朝廷に積み上げたとある。ここにある「秦の民」が「秦人」や「秦人部」で、雄略天皇は、秦酒公に、全国に分布する渡来系の集団を支配させ、彼らが奉献する品々によって、朝廷は潤《うるお》っていったということになる。

カモ氏と結びつく

それにしても、不思議に思うのは、秦氏が平安時代以降没落し、あろうことか、「差別的な待遇」を受けていくことである。

古代社会の中で、渡来人は「先進の文化を携えて来日した人々」であった。王家は彼らを支配することによって、先進の文物を独占し、豪族たちにおこぼれを与えることで、権威と権力を保とうとさえした。

しかも、秦氏は「日本人以上に日本人らしい人々」になっていく。これまで触れてきたように、彼らは土着の民俗や信仰に徐々に染まっていった。だからこそ、日本人が「渡来系」

と意識することなく、稲荷信仰や八幡信仰を受け入れていったのかもしれない。

ならばなぜ、秦氏の末裔は差別されるようになっていったのだろう。

その一方で、なぜ秦氏の祀る稲荷神や八幡神を、庶民は支持するようになったのだろう。

この謎を解き明かすために、遠回りをしておかなければなるまい。まずは、秦氏がどのようにして土着の民俗と融合していったのか、その経過を探っておこう。

秦氏は「日本人に紛れ込む」ために、土着の有力豪族と血縁関係を結んでいったようだ。たとえば、山城のカモ（賀茂、鴨、あるいは可茂、賀毛、加毛などとも表記する）氏と強い縁で結びついていた。

そこでカモ氏と秦氏の関係を探るために、京都盆地北部の歴史を簡単にふり返ってみよう。

桂川《かつらがわ》以北からは、縄文時代以前の石器や、弥生時代の銅鐸《どうたく》が見つかっているが、後期前方後円墳が出現するまでの間、遺跡は見つかっていない。おそらく、六世紀初頭ごろ、秦氏が入植したと思われる。西暦五三〇〜五四〇年ごろ築造された天塚《あまづか》古墳（全長七〇メートルの前方後円墳）が残るためだ。

一方、カモ氏の場合はどうだろう。

『山城国風土記』逸文の「賀茂社」の段には、次のような話が残される。

日向《ひむか》に降臨した神、賀茂建角身命《かもたけつぬみのみこと》は、神武《じんむ》の前に立って先導した。ヤマトの葛木山《かづらきやま》（葛城山）に拠点をつくり、さらに、山代《やましろ》（山城）の国の岡田《おかだ》の賀茂に至り、山代河《やましろがわ》（木津川《きづがわ》）を下り、葛野《かどの》河（桂川）と賀茂河（賀茂川）との合流地点に至った。賀茂河を見渡して、「狭いが、石川の清流だ」と述べた。そこで、「石川の瀬見《せみ》の（浅い）小川」と名付けた。川をさかのぼり、久我《くが》の国（賀茂川上流地域）の北の山の麓《ふもと》にとどまった。この時から、賀茂と呼ぶようになった。

この話を信じるならば、カモ氏は天孫降臨《てんそんこうりん》に随行して日向の地（宮城県か？）に降り立ち、そこから神武天皇を先導してヤマトの葛城に移動し、さらに、木津川から京都盆地の北部に向かって移動したことになる。

カモ氏の出自に関しても、謎が多い。ヤマトから山城に移ったのではなく、もともと山城土着の豪族ではないかとも考えられている。また、天孫降臨に随伴《ずいはん》したとか、「神武東征」の露払《つゆはら》いをしたという話は、「神話」と斬り捨てられている。その一方で、神話じみた伝承は信じられないが、ヤマトの葛城にもカモ氏はいることから、彼らの枝族が山城に移ったという話は、信じてもよいのではないかとする説もあり、定まった考えがない。

ただし、六世紀初頭ごろから、カモ氏が、賀茂川上流域で栄え始めたことは間違いないようだ。まるで桂川流域を開墾した秦氏と住み分けるようにして定住している。

ところで、先述の『山城国風土記』逸文には、続きがある。

賀茂建角身命《かもたけつぬみのみこと》が丹波《たんば》の国の神野《かみの》の神（兵庫県丹波市氷上《ひかみ》町の神野神社の祭神）伊可古夜日女《いかこやひめ》と結ばれて生まれた子の名は玉依日子《たまよりひこ》、玉依日売《たまよりひめ》という。玉依日売が石川の瀬見の小川で川遊びをしていたとき、丹塗矢《にぬりや》（赤く塗った矢で、男性のシンボル。男神の霊代《たましろ》）が川上から流れてきたので、拾って持ち帰り、床《とこ》に置いておいた。すると妊娠し、男子を生んだ。成長すると、外祖父の建角身命は八尋屋《やひろや》（巨大な建物）を建て、扉という扉をしめ、八腹《やはら》の酒を用意し（たくさんの甕《かめ》に酒を満たした）、神々を集め、七日七夜宴《うたげ》を催《もよお》した。そうしておいて、孫に語った。「お前の父と思う者に、この酒を飲ませてみなさい」。すると、杯を捧げて、天に向かって祀ろうと思い、屋根を破って天に昇って行かれた。男子は外祖父の名に因《ちな》んで、可茂別《かもわけ》雷命《いかづちのみこと》と名付けられた。いわゆる丹塗矢は、乙訓《おとくに》の郡の社（京都府長岡京市の乙訓神社）の火《ほの》雷神《いかづちのかみ》だ。

ここに記された「丹塗矢伝説」は、崇神《すじん》天皇紀に記録された三輪山の大物主神《おおものぬしのかみ》と倭迹迹《やまとととと》日百襲姫命《ひももそひめのみこと》の関係にそっくりなのだが、ここで注目してみたいのは、秦氏にも、よく似た伝承が伝えられていたことである。『秦氏本系帳《はたしほんけいちょう》』の問題の部分が次の一節だ。

秦氏の女子が葛野川で衣を洗っていると、上流から矢が流れてきたので、拾って持ち帰った。戸の上に刺しておいたら、女子は妊娠して男子を生んだ。

このあと、興味深い記事が続く。すなわち、男子は天に昇って別雷神《わけいかづちのかみ》となり、鴨（賀茂）上社は別雷神、鴨下社は御祖《みおや》神と名乗るようになった。また、矢は松尾《まつのお》大明神となった。そこで、秦氏が三つの社（三所大明神）を奉祭するようになった。カモの氏人は秦氏の婿で、秦氏は愛すべき婿のために、祭祀権を譲与した。今カモ氏が禰宜《ねぎ》となって奉祭するのは、このような理由があった、というのである。

カモ氏の丹塗矢伝承に秦氏が割りこんで、自家の伝承にしてしまったわけだが、問題は、秦氏が「かわいい婿殿のために」と、この三つの社の祭祀権をカモ氏に譲り渡したと言っていることだ。ここから、「カモ氏と婚姻関係を結び、実力で勝る秦氏が実権を握る一方で、祭祀権は歴史と権威のあるカモ氏に譲った」と読み解くことが可能である。

ちなみに、松尾大社の祭神は大山咋神《おおやまくいのかみ》と市杵島姫命《いちきしまひめのみこと》で、大山咋神は大年神《おおとしのかみ》の子で賀茂別雷神の父である。

また、この記事から察して、県主《あがたぬし》としてこの一帯を支配してきたカモ氏を、秦氏がしだいに圧倒するようになったのではないか、とする考えもある。

秦氏の祀る神社に、松尾大社がある。創建は、平城京遷都よりも前、都がまだ藤原京《ふじわらきょう》になった時代だが、この地で秦氏は土着の信仰と結ばれていく。

平安後期の儀式書『江家次第《ごうけしだい》』には、大宝元年（七〇一）、秦都理《はたのとり》がはじめて神殿を建て

秦氏が関係する神社

松尾大社の社頭。背後に見える山は聖地である

平安時代、伊勢神宮に次ぐ社格を誇った石清水八幡宮。八幡信仰は、かつて秦王国といわれた地で発生したもの

たと記録する。平安時代末から鎌倉時代初期に記された『伊呂波字類抄《いろはじるいしょう》』にも、大宝元年に、秦都理が神殿を建て、御阿礼《みあれ》（上賀茂神社で用いられる榊《さかき》）を立てたとある。室町時代の『二十二社註式』にも、秦都理が創祀したと出てくる。

元禄十四年（一七〇一）に記された『松尾皇大神宮記』によれば、文武《もんむ》天皇の時代（六九七〜七〇七）、藤原不比等《ふひと》が松尾山の大杉谷《おおすぎだに》に赴いたところ、大神が、山麓に遷《うつ》りたいと告げたので、藤原不比等は文武天皇に奏上《そうじょう》し、命を受けた秦都理が、現在の場所に遷し祀ったという。

藤原不比等が松尾大社の伝承に登場することに、興味を抱《いだ》かずにはいられないが、いずれにせよ、この後の政権は、松尾大社を重視していく。

平城京から平安京に都が遷る直前に一度、長岡京《ながおかきょう》（京都府向日《むこう》市、長岡京市、京都市にまたがる）遷都が敢行されている。長岡京は平安京の南西部に位置するが、長岡京の南北の中軸線と四至（東西南北の境界）の延長線上に、交野《かたの》山、衣笠《きぬがさ》山、大岩山、そして松尾山が乗っている。松尾山は秦氏の祀る松尾大社の神体山だ。桓武《かんむ》天皇の長岡京、平安京遷都に山城の秦氏が尽力し、立地に関しても、秦氏の祀る霊山が重視されたことがわかる。

それはともかく、神社の背後の松尾山の山頂付近には、磐座《いわくら》群があって、太古から信仰を集めていたようだ。奈良県桜井市の三輪山や、伏見稲荷大社の稲荷山、上賀茂神社の神山《こうやま》も、古い時代から神奈備《かんなび》山として、崇《あが》められた山である。

京都を代表する神社として名高い上賀茂神社もカモ氏を通じて秦氏とつながっているが、毎年、御阿礼の神事が執り行なわれ、神山から神を迎えていた。松尾大社でも、ほぼ同じ御阿礼神事が執り行なわれていたのである。

『秦氏本系帳』には、松尾大社を祀る秦氏が、上賀茂神社を祀るカモ氏と血縁関係を結び、賀茂祭（葵《あおい》祭）を譲与してもらったことが記されている。

このように、秦氏は土着の信仰を守り続けてきたカモ氏と合体していったのだが、同様に松尾山の原始の信仰に融合していった。

富み栄える氏族と崇る神

秦氏は日本的信仰に半島や大陸の思想や宗教観を持ち込んだ豪族であるとともに、日本的な習俗に染まっていった渡来系豪族でもあったのだ。その秦氏の末裔が、なぜ差別されていくのだろう。

王権にとって、秦氏は貴重な「財源」でもあった。

第一章で触れた欽明《きんめい》天皇即位前紀には、欽明天皇が幼い時に夢を見て、秦大津父《おおつち》を寵愛するようになった経緯が描かれていた。その中で、欽明天皇は秦大津父を寵愛すると、「大《おほ》きに饒富《にぎはひ》を致《いた》せり」とあり、国も栄えたという。そこで即位してのち、大津父は「大蔵省《おおくらのつかさ》を拝したまう」とあった。秦氏は大蔵の出納の管理を任せられたわけである。

不思議に、秦氏にまつわる伝承には、「富み栄える」という逸話が、そこかしこに残されている。これもすでに触れたが、『山城国風土記』逸文には、秦伊侶具が裕福になり、奢《おご》って餅を的にして射かけたら、白鳥となって稲荷山に飛んでいったという話があり、『豊後国風土記』にも、富み栄えて、奢りたかぶってしまった、という話があって、秦氏や新羅系渡来人と関わりの深い場で、「富み栄えた」「奢りたかぶった」という説話が残されたのは、彼らが実際に富を「うずたかく積み上げた」からであろう。

いずれにせよ、殖産の一族として秦氏は栄えたのだろうし、だからこそ、王家も秦氏の財力に目をつけ、彼らのまとめ役に秦大津父を指名し、「国庫」も潤ったといっているのだろう。『聖徳太子伝暦《しようとくたいしでんりやく》』には、秦河勝の一族もまた同様に、富み栄えたと讃《たた》えられ、「これは、国家の宝だ」とまで称賛されたと記録する。大化前代までの間、大蔵を任せられていたのは、秦氏だけである。

そうなると、やはり、秦氏は王家のために尽力したのであって、差別を受ける筋合いはない。

しかし一方で、世阿弥は秦河勝を祟る鬼と見なしていたし、秦氏が祀る伏見稲荷や宇佐八幡は、祟りと密接な関係にあったのだから、「祟る秦氏」には深い因縁を感じずにはいられないのである。

大森恵子《おおもりけいこ》は『稲荷信仰と宗教民俗』（岩田書店）の中で、稲荷信仰と「水」が深くかかわっていると指摘している。

井戸や清水のわきに水の神として祀られた稲荷社、灌漑や雨乞《あまご》いに用いられた池や滝の水の神として祀られた稲荷社、橋や堤防などの守り神として祀られた稲荷社、流れ着いた稲荷の御神体を祀る稲荷社などの例を挙げ、「水の神＝弁財天《べんざいてん》」と稲荷信仰が重なったのだろうと推理する。

「水の神」は豊穣をもたらすとともに、祟る恐ろしい神である。

たとえば雄略天皇即位前紀には、「天皇を苦しめた水の祟り」の話が載る。

雄略天皇はクーデターによって玉座を射止めたが、この過程で、多くの親族や豪族を屠《ほふ》っている。そのため、当然恨みを買った。ひとりの皇子は殺されるとき、次のように呪っている。

「この水はただ百姓《おおみたから》のみ飲むことができる。王ひとり、飲むことができなくなる」

不思議なことだが、歴代の天皇はなぜか、水や塩の呪いに囲まれていて、これが「海の祟り」に通じていたようなのだ。

武烈《ぶれつ》天皇も即位の直前、専横をきわめていた平群真鳥《へぐりのまとり》や子の鮪《しび》と争い、殺しているが、平群真鳥は、塩を呪って死んだ。ただ、角鹿《つぬが》（福井県敦賀《つるが》市）の塩を呪い忘れたので、天皇は角鹿の塩を食すようになったという。

「水」を生む池や沼、井戸は、海に通じていると信じられていた。だから、「水」と「塩」の呪いは、海の祟りでもある。

天皇家の祖・彦火火出見尊《ひこほほでみのみこと》（山幸彦《やまさちひこ》）は、神話の世界で海の女神＝豊玉姫《とよたまひめ》に恨まれ、呪われた。それが、海幸山幸《うみさちやまさち》神話で、産屋《うぶや》を覗《のぞ》いてはならないというタブーを犯した彦火火出見尊を豊玉姫は恨み、次のように述べる。

「もし私を辱《はずかし》めることがなければ、海と陸の道は長く通いあえましたものを。今、この仕打ちを受け、どうして睦《むつ》まじくできるでしょうか」

ややあって、彦火火出見尊は、失意の中、亡くなるのである。

天《あま》の羽衣《はごろも》伝承の豊受大神《とようけのおおかみ》も、水と海の神であると共に、この世に恨みを抱く女神であった。

海神《わたつみ》の娘の多くが水の祟りとかかわり、「トヨ」（豊）の名を冠すのは、海や水の神が豊穣をもたらすからで、また、豊穣の神は祟る恐ろしい神でもあったからだろう。

そこで、大森惠子の次の指摘が、興味深く思われてくる。

都市の露地奥にひっそりと祀られる稲荷の祠《ほこら》の由来を調べると、必ずといってよいほど、祟りとかかわっている、というのである。

怨念をこの世に残して死亡した女性を葬った場所に当るとともに、その女の怨霊・御霊《ごりよう》を鎮めるために、葬地のうえに稲荷祠を祀ったのが始まりとされる場合が多い。京都市下京《しもぎょう》区堺町《さかいまち》通松原下《まつばらくだ》ル鍛冶屋町《かじやちょう》の民家と民家にはさまれた露地奥に鎮座する命婦《みようぶ》稲荷神社も、この種の稲荷社である。命婦稲荷神社は、能楽「鉄輪《かなわ》」の題材にもなった鉄輪塚の墳上に祭祀された古墳稲荷でもあり、御霊稲荷でもある。(『稲荷信仰と宗教民俗』)

なんともおどろおどろしい話だ。稲荷信仰は水と繫がり、「水(海)の神」は、祟る神でもあった。やはり稲荷信仰と祟りの関係は、深そうだ。

稲荷だけではない。八幡も、祟りとは強い結びつきがある。そこでしばらく、八幡神について考えておきたい。

宇佐神宮の祭神は、誉田別尊《ほむたわけのみこと》(応神天皇)、比売大神《ひめおおかみ》、大帯姫《おおたらしひめ》(神功皇后)だが、『延喜式《えんぎしき》』には、宇佐の三座を、「八幡大菩薩宇佐宮」「比売神社」「大帯姫廟神社」と記す。この場合、「八幡大菩薩」を、「応神天皇だった」といっていない。そのため、「宇佐八幡宮の祭神が応神天皇と同一」は、後世の付会《ふかい》というのが、通説となった。

しかし筆者は、八幡大菩薩と応神天皇を同一とみなすだけではなく、「応神天皇＝八幡神」

秦王国の中心・宇佐

八幡信仰の発祥地・宇佐神宮

宇佐神宮の境内に入る屋根付きの橋を呉橋（くれはし）という

は初代神武天皇のことを指していると考える。

通説は第十代崇神《すじん》天皇を「実在した初代王」とみなし、崇神天皇をモデルに神武天皇が創作され、ひとりの事績を二人に分けて記録し、天皇の歴史を古く見せかけたと推理する。これに対して筆者は、第十五代応神天皇も、ヤマトの初代王であり、神武天皇と同一人物と考える。つまり、神武＝崇神＝応神である。

神武、崇神、応神の漢風諡号《かんふうしごう》に「神」の文字があてがわれたのは、「神」が古代人にとって「祟る鬼」と同意語だったからだろう。実際に神武、崇神、応神が、「祟りや呪いと密接にかかわっていた」事実は、無視できない。ヤマトの初代王は、「祟る恐ろしい神」だったからこそ、ヤマトに連れて来られ、祭司王《さいしおう》に抜擢されたのである（拙著『応神天皇の正体』河出書房新社）。

応神天皇だけではなく、応神天皇の母・神功皇后も、祟る恐ろしい人として知られていたようだ。『続日本後紀《しょくにほんこうき》』の承和《じょうわ》十年（八四三）四月の条、『三代実録』元慶《がんぎょう》元年（八七七）七月の条には、神功皇后が祟ったと記され、山陵《さんりょう》に使者が遣わされ、篤《あつ》く祀ったと記録されている。

宇佐神宮の三柱の祭神のうち、二柱が祟りとかかわりがあったことになるが、宇佐神宮の周辺では、祟る神を祀っていた痕跡がある。わかりやすい例が、放生会《ほうじょうえ》と行幸会《ぎょうこうえ》という特殊神事である。

放生会は、養老《ようろう》四年（七二〇）に行われた隼人《はやと》征伐《せいばつ》に際し、豊前国司《こくし》が遣わされたことに端を発していたようだ。すなわち隼人の鎮魂が目的という。あるいは一説に、神功皇后の三《さん》韓征伐《かんせいばつ》の凱旋《がいせん》を祝って始められたという。時代がかけ離れているが、要は、奈良時代以前からあった何かしらの祭りに、放生会がかぶさっていったということではなかろうか。

ヤマト建国につながる傀儡子舞《くぐつまい》

神功皇后は、六〜七世紀に出現した女帝たちをモデルにして創作されたと、大半の史学者は決めてかかる。だが、神功皇后が『日本書紀』編纂前後に創作された女傑ならば、なぜ西日本各地に、それぞれ独自の伝説が残されたのか、理解できない。

神功皇后は「初代・応神天皇の母」で、「トヨ（豊）の名の女人」や「海神《わたつみ》」と多くの接点を持つことから、筆者は「邪馬台国《やまたいこく》の卑弥呼《ひみこ》の宗女《そうじょ》・台与《とよ》こそ神功皇后の正体」と考える。台与は邪馬台国とヤマト建国の謎を解く鍵を握る重要参考人だが、なぜか歴史からフェイドアウトしている。いつどこで亡くなったのか、さっぱりわからない。

ヤマトの王権は邪馬台国から継承されているというのが今日的解釈だが、では、台与からヤマトの王がどのように誕生したのか、はっきりとしていない。『魏志』東夷伝倭人条《わじんのじょう》も『日本書紀』も、何も記録を残していないからだ。

しかし、九世紀に至っても、「神功皇后は祟る恐ろしい女人」と信じられていたところに、大きなヒントが隠されていよう。神功皇后は何かしらの恨みを抱いて亡くなり、八世紀の『日本書紀』編者にとって、それは「不都合な真実」だったから、真相を語り継ぐことができなかったのだろう。

けれども、『日本書紀』は、「神武」「崇神」「応神」がみな、祟り、祟られ、呪い、呪われる王たちだったと記録した。ここに、ヤマト建国を巡る、事件性を感じずにはいられない。ヤマト建国には大きな秘密が隠されていて、『日本書紀』は真実を闇に葬ってしまったのだろう。神功皇后の説話を「取るに足りない作り話」と、鼻で笑っている間は、古代史の謎を解くことはできない。

そして、宇佐神宮周辺の奇妙な祭りも、ヤマト建国と大いにかかわっていたように思えてならない。ここで注目したいのは、放生会だ。

豊前国上毛郡《こうげぐん》の八幡古表《こひょう》神社（福岡県築上《ちくじょう》郡吉富町《よしとみまち》）と下毛郡《しもげぐん》の古要《こよう》神社（大分県中津《なかつ》市）から神体の傀儡子《くぐつ》（操《あやつ》り人形）を舟に乗せ、宇佐の和間浜《わまのはま》に向かい、海上に出てハマグリなどを放ち、逃がしてやる。これが放生会の神事だ。そして、クライマックスに傀儡子舞を演じ、行事を終える。

問題は、この傀儡子舞である。

古要神社の傀儡子舞は、旧暦閏年の新暦十月十二日に行われる人形劇だ。「お舞人形」二十六体、「お相撲人形」三十体、「小豆童子《あずきどうじ》」二体、「獅子頭《ししがしら》」二面で構成される。

まず「お舞人形」が登場し、「獅子頭」と「小豆童子」は、神事が終わるまで東西に分かれ、控えている。お舞の囃子《はやし》に合わせて「お舞人形」が舞い、磯良《いそら》神が登場し、細男《くわしお》の舞の祷詞《のりごと》（病気や災難から逃れるために神に祈る）が唱えられる。

古要相撲《こようずもう》（「神相撲」ともいう）は、早いリズムの囃子《はやし》（ハヤモン）に乗って、東西から一体ずつ「お相撲人形」が登場して始まる。最初は互角、次に西が連敗し、最後に海の神「住吉《すみよし》さま」が出現すると、東のお相撲人形を負かす。そして、東の勢力が束《たば》になっておしかけるが、「住吉さま」は、ばったばったと相手を倒していく……。

ここで、謎めくことがいくつもある。まず、磯良神と住吉さまだ。

磯良神は海人《あま》・阿曇《あずみ》（安曇）氏の祖神で、海の神だ。阿曇氏は福岡市東部を拠点に縦横無尽《じゅうおうむじん》に大海原《おおうなばら》を駆け巡った人たちである。そして磯良は、神功皇后の「新羅征討」に際し、大いに活躍した神としても知られる。

住吉さまは、住吉大神《すみよしのおおかみ》で、塩土老翁《しおつちのおじ》（シオツツノオジ）のことだろう。やはりこの神も、神功皇后の新羅征討と密接につながっている。

とくに住吉大神と神功皇后の関係は密接である。

住吉大社（大阪市住吉区）の伝承によれば、神功皇后は夫・仲哀《ちゅうあい》天皇が急死された晩、住吉大神と夫婦の秘め事をしたという。応神天皇は仲哀天皇と神功皇后の間の子だと『日本書紀』はいうが、その一方で、応神天皇は仲哀天皇の崩御《ほうぎょ》から十月十日後に生まれたともいっている。だから、応神天皇が住吉大神の子であった可能性が出てくる。

もっとも、通説はこのような神社伝承を、無視し、笑殺する。しかし、応神天皇のヤマト入りに、仲哀天皇の遺児たち（応神天皇の異母兄たち）は必死に抵抗している。

応神天皇は、神功皇后のお腹の中で守られながら、九州の地にやってきた。これは、胞衣《えな》につつまれて九州に降臨した天津彦彦火瓊瓊杵尊《あまつひこひこほのににぎのみこと》を彷彿《ほうふつ》とさせる。また、九州から来てヤマトの敵を蹴散《けち》らした姿は、「神武東征」にもそっくりという考えがある。つまり、応神天皇は、天孫降臨と神武東征の二つの「ヤマト建国劇」「天皇誕生」を演じてみせたのであって、ここに、大きな秘密のありかを感じずにはいられないのである。

そして問題は、宇佐神宮とは本来関係のないはずの「磯良」と「住吉さま」が、なぜ放生会のクライマックスに登場するのか、ということである。

古要相撲の「最初は東が優勢だったが、住吉さまの加勢で形勢が逆転する」という奇妙な展開に、大きなヒントが隠されているのではあるまいか。『日本書紀』のいうように、神功皇后や応神の一行が「ヤマト＝東」の政敵を打ち倒していたら、このような祭りは生まれなかっただろう。現実には、神功皇后や応神のヤマト入りは阻止され、その恨みつらみを晴らすために、祭りは行なわれるようになったにちがいないのである。

放生会とともにこの一帯で行なわれていた特殊神事、行幸会では、薦《こも》で作った御神体《ごしんたい》の枕を海に浮かべる。するとかならず枕は、東に向かって流れていくのだという。それは、「東＝ヤマト」への強い郷愁を暗示しているのである。

そして、ここに、ヤマト建国前後の複雑で怨念に満ちた歴史の真実が隠されていると筆者は見るが、それよりもここで問題にしたいのは、秦氏の来日が、応神天皇の時代であったと考えられていること、秦氏の縁者と思える新羅系の人々が密集して暮らしていた場所に、神功皇后や応神にまつわる特殊神事が残されていたことである。

とすれば、秦氏の祖は、すでにトヨ（神功皇后）が活躍していたヤマト建国の時代から日本列島にかかわりを持っていて、しかもだからこそ、トヨの国（豊国《とよのくに》＝豊前と豊後）に集住していた可能性を高めている。ヤマト建国に際し、神功皇后や応神天皇が恨みを抱き、祟る神となったからこそ、宇佐神宮の周辺で「祟る神を鎮める祭り」が行なわれていたと思えてくるのである。

そして、宇佐神宮周辺の渡来系住民も、苦難の歴史を背負っていたように思えてならない。もちろん、その「陰」を、秦氏も背負い込んでいたのではあるまいか。

第四章　秦河勝《かわかつ》の聖者殺し

蘇我入鹿《そがのいるか》も崇っていた

秦河勝を巡る、どうしても解けぬ謎……。それは、「入鹿の乱」を避け、播磨に逃れた秦河勝が、なぜ乙巳の変の蘇我入鹿暗殺後、故郷に戻ってこられなかったのか、ということだ。そしてなぜ、蘇我入鹿と対決した英雄と、後世もてはやされなかったのだろう。これまで問題視されなかった謎だが、どうにも釈然としない。

そしてなぜ、秦河勝の末裔たちは、「祟る秦河勝」を喧伝したのだろう。しかも、秦氏の周辺には、たしかに祟る神が満ちていたのである。そのひとつが伏見稲荷であり、もうひとつが八幡神であった。

これらの謎を、どうすれば解き明かすことができるのか。

まずここで指摘しておかなければならないのは、「われわれは前提の段階で誤った先入観に縛《しば》られている」ということだ。これまで、古代史に多くの謎が残され、解くことができなかったのは、「七世紀前半の蘇我氏が、王家を蔑《ないがし》ろにした大悪人だった」という常識が、われわれの見る目を曇《くも》らせていたからではなかったか。

『日本書紀』の描いた図式は、次のようなものだ。六世紀のヤマト朝廷は、外交戦の失敗や旧態依然とした統治システムのため、体力を失いつつあった。そんな中、彗星《すいせい》のごとく現われたのが聖徳太子であった。聖徳太子は憲法十七条、冠位十二階《かんいじゅうにかい》を制定し、中央集権国家建設の基礎固めを急いだのだった。ところがここで、当時最大の勢力を誇っていた蘇我馬子が大きな障害になったようだ。聖徳太子は、なぜか都の置かれた飛鳥を離れ、斑鳩に移る。

通説は、蘇我馬子と反《そ》りが合わなかったのだろうと考える。急進改革派の聖徳太子を、蘇我馬子が煙《けむ》たく思ったのではないか、というのだ。

聖徳太子は、失意の中、亡くなり、やがて、蘇我馬子と推古天皇も亡くなると、蘇我馬子の子の蝦夷と孫の入鹿の専横の時代がやってくる。蘇我入鹿は増長し、山背大兄王の一族を滅亡に追い込んだ。

蘇我氏の行動を「王家の危機」と感じとった中臣鎌足は、中大兄皇子とともに、蘇我入鹿暗殺を計画する。そして皇極四年（六四五）六月、飛鳥板蓋宮大極殿《あすかのいたぶきのみやおおあんどの》で、三韓《さんかん》（高句麗、百済、新羅）の調《みつき》が進上される日、入鹿を暗殺し、甘樫丘の蝦夷も、滅びたのである。

蘇我入鹿暗殺現場で、中大兄皇子は母親の皇極天皇に向かって、

「蘇我入鹿は王族を次々に滅ぼそうとしている。蘇我に王家が入れ替わっても、かまわない

のですか」

と、叫んでいる。蘇我本宗家が滅亡すると、皇極天皇の弟の孝徳《こうとく》天皇が即位し、大化改新を断行する。ここに、律令制度が整ったと、『日本書紀』はいう。

つまり、蘇我氏の専横とは、王家を蔑ろにし、改革を邪魔立てしたことだったと『日本書紀』は訴えているのである。

そして秦河勝は、蘇我氏専横の犠牲者ということになりそうだ。

だがこの図式、信じてよいのだろうか。

筆者は、『日本書紀』の描いた単純な勧善懲悪《かんぜんちょうあく》の世界を疑わしく思う。西暦七二〇年に『日本書紀』は編纂されるが、時の権力者は藤原不比等で、中臣鎌足の子だ。「藤原不比等の時代」に書かれた歴史書なのだから、中臣鎌足を顕彰するのは当然で、蘇我入鹿を悪し様《あざま》に描いても、誰からも文句は出なかっただろう。とすれば、『日本書紀』の一方的な主張を、そのまま鵜呑《うの》みにすることは、危険きわまりない。

『日本書紀』のそこかしこに、不思議な記述がある。たとえば、皇極天皇は弟に譲位したが、その孝徳天皇が亡くなると、重祚《ちょうそ》して斉明《さいめい》天皇になる。するとこの女帝の身辺には、恨めしげで無気味な鬼がつきまとったというのだ。斉明天皇の最晩年にも鬼は現われ、近習《きんじゅう》の者がばたばたと死に、その直後、女帝も息を引き取っている。『扶桑略記《ふそうりやつき》』にもそっくりな「祟る鬼」が登場するが、こちらは正体を明示している。すなわち「鬼の正体は豊浦大臣《とゆらのおおおみ》」だという。豊浦大臣は蘇我蝦夷か入鹿のどちらかなのだが、斉明は入鹿の断末魔の声を聞いているのだから、これは入鹿の亡霊であろう。
問題は、「祟って出た」ということで、蘇我入鹿は罪なくして殺された可能性が出てくることだ。

さらに不思議なことがある。

乙巳の変の蘇我入鹿暗殺の最大の大義名分は、上宮王家滅亡事件だった。しかし『日本書紀』は、なぜか山背大兄王が聖徳太子の子であったことを証明していない。あたかもそうであったかのように語るが、だからといって二人の関係を明記しているわけではない。これは、実に不可解だ。

蘇我入鹿暗殺後の改新政府の人事も不可解で、親蘇我派の顔ぶれがそのまま居残っている。だいたい、孝徳天皇自身も親蘇我派の皇族であった可能性が高い。事実、『日本書紀』

の記事を精査すると、孝徳天皇が断行した難波宮《なにわのみや》建設や遷都と改革事業も、すでに蘇我入鹿存命中に計画が練《ね》られていて、孝徳天皇は蘇我氏の遺志を継承しただけとしか思えないのだ。

だいたい、皇極天皇は蘇我氏全盛期に擁立されたのだから、この女帝は親蘇我派だったはずで、事実、乙巳の変の蘇我入鹿暗殺現場で、息子の中大兄皇子に対し、「これは何ごとですか」と叱責している。だから、皇極の弟の孝徳も、親蘇我派であった可能性は高い。孝徳天皇の体を流れる蘇我氏の血はきわめて薄かったが、蘇我系皇族の眠る磯長谷《しながだに》(大阪府南河《みなみかわ》内郡太子町《ちぐんたいしちょう》・河南町《かなんちょう》・羽曳野《はびきの》市)に葬られているという事実は、無視できない。

ならば、中大兄皇子と中臣鎌足は、いったいなぜ、蘇我入鹿を殺さなければならなかったのだろう。ヒントを握っているのは中大兄皇子の弟である。

『日本書紀』に書かれた壮大な絵空事《えそらごと》

中大兄皇子はのちに即位して天智天皇となるが、弟の大海人皇子も、天智亡き後に即位して天武《てんむ》天皇となる。ただし、兄弟仲は悪かったようで、大海人皇子はとある宴席で床に槍を突き刺し、激怒した天智天皇は、大海人皇子を斬り殺そうとしたという逸話が残される。大海人皇子は、天智天皇亡き後、天智の子・大友皇子《おおとものみこ》と玉座を巡って争い、大友皇子を亡ぼしている。これが、壬申《じんしん》の乱（六七二年）だ。

天智天皇と天武天皇の確執《かくしつ》は、ふたりの死後も続き、天武系最後の称徳《しょうとく》天皇が崩御すると、天智系の光仁《こうにん》天皇が即位し、以後、天智系の王家が続くが、彼らは天武の王家に冷淡だ。たとえば天皇家の菩提寺《ぼだいじ》・泉涌寺《せんにゅうじ》（京都市東山区）では、天武系をまったく無視する。

天智と天武の確執は、すでに乙巳の変の直前から始まっていたと考えると、長いわだかまりの意味が見えてくる。大海人皇子は壬申の乱に際し、蘇我系豪族の加勢を得て勝利を摑《つか》み、即位後、一気に律令整備に奔走するが、「律令制度の導入が蘇我氏の悲願だった」と考えれば、大海人皇子と蘇我氏の緊密な関係が、あぶり出されてくる。

そして、皇極天皇の息子のうち、蘇我氏がどちらに将来を託そうと考えていたかを想像するに、もしそれが大海人皇子であったとしたら、中大兄皇子は皇位継承争いで不利な立場にあったことになる。その劣勢を挽回するために、蘇我入鹿暗殺計画を練ったのだろう。

さらに、中大兄皇子をけしかけた中臣鎌足の正体も気になる。『日本書紀』は、中臣鎌足の出自に関して、沈黙を守る。古代史の英雄であり、藤原千年の基礎を築いた人物でありながら、正史『日本書紀』の中で父母の名もわからず、無位無冠のままいきなり歴史に登場し、中大兄皇子に接近するという謎めく男が、中臣鎌足である。

『大鏡《おおかがみ》』には、中臣鎌足が鹿島神宮《かしま》（茨城県鹿嶋市）の神官だったという記事が載っていて、このため「中臣鎌足＝成り上がり説」が有力視されている。

ただし筆者は、別の考えを持つ。中臣鎌足は蘇我入鹿暗殺の場面で、中大兄皇子が自ら剣を振りかざして蘇我入鹿に立ち向かっているさなか、弓を持って、安全な場所で傍観している。このとき、中大兄皇子は有力な皇族のひとり、対する中臣鎌足は無位無冠であったのだから、このふたりの立ち位置は、普通なら考えられない。ならば、中臣鎌足とは何者なのだろう。

筆者は、百済から人質として来日していた豊璋《ほうしよう》（義慈《ぎじ》王の子）こそ、中臣鎌足の正体だったと推理する（『藤原氏の正体』新潮文庫）。

そう考える理由は、豊璋の来日の時期と中臣鎌足の活躍がほぼ重なっていること、白村江《はくすきのえ》の戦い（六六三年。倭と百済の連合軍が唐と新羅の連合軍と戦い、大敗北を喫《きっ》した）に際し、豊璋は本国に召還《しょうかん》されるが、中臣鎌足は豊璋の帰国以降、『日本書紀』の記事からぱったりと消えてしまうこと、である。そして、敗戦後、再び中大兄皇子の前に姿を現わす。中大兄皇子の右腕だった中臣鎌足が、中大兄皇子の一大事に歴史から消えたのは、豊璋だったからと考えると辻褄《つじつま》が合う。また、乙巳の変で傍観していたのも、直接手を下せば、外交問題に結びつくからだろう。

さらに、こののち中臣鎌足の末裔の藤原氏は、極端な反新羅政策をとり続ける。これはなぜかといえば、新羅が百済の宿敵だったからだろう。

そして、中臣鎌足が中大兄皇子に蘇我入鹿暗殺をそそのかしたのは、全方位型外交を展開する蘇我氏のやり方にしびれを切らせ、百済救援を実現しようと目論んだからだろう。したがって、乙巳の変の蘇我入鹿暗殺は、『日本書紀』がいうような「改革事業を成し遂《と》げるための正義の戦い」ではなく、中大兄皇子にとっては、「皇位を大海人皇子にさらわれないためで、中臣鎌足にとっては、「衰弱著《いちじる》しい百済を救うためには、蘇我入鹿を暗殺し、政権交代をせねばならない」と考えたからだろう。

じつは、中臣鎌足と百済のつながりが、のちのち秦氏の命運を左右していくのである。

このように、乙巳の変、大化改新の図式は大きく入れ替わり、古代史の読み方は、大きく変わってくるのである。

近年、史学界の蘇我氏に対する見方も、徐々に変わってきた。蘇我氏は中央集権国家づくりに協力的だったのではないかと考えられるようになった。また、大王《おおきみ》（天皇）の外戚《がいせき》になることによって権力の基礎を固めていた蘇我氏が、はたして王家を蔑ろにするだろうかと、疑われはじめている。

これまでの「蘇我＝大悪人」という図式は、『日本書紀』の構築した虚構だったと、筆者は考える。

蘇我氏は、『日本書紀』の主張とは裏腹に改革派で、中大兄皇子と中臣鎌足は、反動勢力だったのである。

そして『日本書紀』は、蘇我入鹿の正体を抹殺し、蘇我氏の手柄を横取りするために、壮大なトリックを用意したと推理した。すなわち、蘇我入鹿を大悪人に仕立て上げるために、「蘇我系皇族＝聖徳太子」という虚像を用意し、蘇我氏の業績をすべて聖徳太子に預け、その上で、「罪もない聖者の子＝山背大兄王を滅亡に追い込んだ大悪人＝蘇我入鹿」という物語を編み出した。聖徳太子が聖者であればあるほど、蘇我入鹿が悪人になっていくという図式が、こうして産み出されたのだ。

『日本書紀』は、必要以上に聖徳太子を礼讃《らいさん》しているが、それは「蘇我入鹿の悪」を強調するためのカラクリであり、「もともと聖徳太子など、どこにもいなかった」のだから、『日本書紀』は聖徳太子の一族を、そっくりそのまま、蒸発させてしまった。さらにいえば、山背大兄王一族もこの世に存在しなかったのだった。だから証拠を残さず、一族を物語の中で消し去ることができたのである。

つまり、上宮王家滅亡事件そのものも、まったくの絵空事《えそらごと》だった。その証拠に、恨みを抱いて亡くなったであろう山背大兄王の一族を、法隆寺は平安時代に至るまで本気で祀った気配はないし、一族の墓がどこにあるのかも、定かではない。蘇我入鹿暗殺後、中大兄皇子と中臣鎌足が政権を奪い取ったのなら、真っ先に、山背大兄王の悲劇を後世に残すために、何かしらのモニュメントをつくったはずであるのに、そのようなものはどこにもない。

秦河勝は入鹿殺しの実行犯だった？

梅原猛は山背大兄王の悲劇を事実とみなし、上宮王家滅亡の黒幕が中臣鎌足だったと推理した。すなわち、中臣鎌足は「蘇我一族」の殲滅《せんめつ》を画策し、まず蘇我入鹿をそそのかし、聖徳太子の一族を葬ったという。そして、八世紀の藤原氏が、危機に瀕《ひん》するたびに、法隆寺を丁重に祀ったのは、山背大兄王殺しの黒幕として、やましい心があったからとする。だから、聖徳太子を恐れ、聖徳太子の怨霊《おんりよう》を法隆寺に封じ込めたという。

しかし、藤原氏が恐れたのは、聖徳太子ではなく、「改革派だったのに手柄を横取りされ、挙《あ》げ句《く》の果てに悪人に仕立て上げられた蘇我氏」に他ならない。非業《ひごう》の死を遂げた蘇我氏や蘇我系皇族らの恨み辛《つら》みを、藤原氏は法隆寺にまとめて閉じこめ、祀りあげたのである（ただし、この考えは、通説と大きく異なるので、詳細は他の拙著を参照していただきたい）。

蘇我氏が改革派で、中大兄皇子や中臣鎌足らはむしろ「我欲」のために、改革勢力を一掃しようと考えていたわけである。そして、ここに来て、新たな謎が浮かびあがってくる。それが、『播磨鑑』のいう「蘇我入鹿の乱」とは、いったい何を指していたのか、ということである。

梅原猛は『翁と河勝』の中で、興味深い推理を働かせていた。聖徳太子は秦河勝を「造《みやつこ》」という低い姓《かばね》でありながら、「小徳」という、高い地位に引き上げていた。だから中臣鎌足は、秦河勝も、「蘇我の仲間」と見なしていた、というのだ。

秦河勝は流罪になったのか、或《ある》いは寄《よ》る辺《べ》ない運命を哀しんで自ら彷徨《さまよ》い出たのか解《わか》らないが、とにかくうつぼ舟に乗って西海《さいかい》を漂うしか生きる道はなかったのであろう。

なるほど、これなら、乙巳の変ののち、秦河勝が故郷に戻ってこられなかった理由も説明できるかもしれない。しかし、これはおかしい。

たとえば、蘇我入鹿の軍勢に追いつめられた山背大兄王一族であったが、「山城に逃げれば再起は可能だった」と、『日本書紀』はいっている。これは、明らかに山城の秦氏を意識したものであり、「秦氏と蘇我氏は同じ穴の貉《むじな》ではなかった」ことを暗示している。しかも、聖徳太子も山背大兄王も、どちらも虚像と筆者は考えるから、梅原説に従うことはできない。秦河勝の「零落」と、こののち秦氏を襲う「不運」は、それほど単純ではない。中臣鎌足と秦氏の間には、もっと複雑なカラクリが隠されているはずだ。

梅原猛は、中臣鎌足が蘇我入鹿をそそのかして山背大兄王一族を滅亡に追い込ませたと推理するが、中臣鎌足が操《あやつ》っていたのは、蘇我入鹿ではなく、秦河勝ではなかったか。つまり、『日本書紀』は「蘇我入鹿暗殺の実行犯は、中大兄皇子や中臣鎌足」と証言するが、実際に手を汚したのは秦河勝で、ここに秦氏の悲劇は隠されていたのではないかと思えてならないのである。

なぜこのような推理を働かせるかというと、播磨の大避神社では、秦河勝が「蘇我入鹿の乱」から逃れてきたと、言い伝えていることだ。一般に「入鹿の乱」は山背大兄王一族の滅亡事件と信じられているが、現実にはそのような事件が起きていなかったとすれば、「入鹿の乱」とは、「入鹿が犠牲になった乱」と捉《とら》え直すことが可能で、しかも改新政府樹立後、秦河勝が播磨の地にとどまったという話は、大きな意味を持ってくる。

孝徳天皇が親蘇我派で、乙巳の変によって大局に変化はなかったのだから、秦河勝は戻ってこられなかったのである。

つまり、乙巳の変の前後、秦河勝は蘇我氏と袂《たもと》を分かっていたと考えれば、矛盾がなくなる。

入鹿の死の前兆

そこで『日本書紀』に目を転じると、興味深い記事に行き着く。それは、乙巳の変の一年前の事件だ。また、上宮王家滅亡事件から、約半年後の出来事であった。

皇極三年（六四四）秋七月、東国の不尽河《ふじのかわ》（富士川）のほとりで、大生部多《おおうべのおお》なる人物が虫を祀ることを村里の人々に勧めていた。

「これは、常世《とこよ》の神です。この神を祀れば、富と長寿を得ることができます」

と説いてまわった。巫覡《ふげき》（神託を伝える者）らはついに偽って神託と称して次のように語った。

「常世の神を祀れば、貧しい者は富を得、老いた者は若返る」

こうしてますます盛んに勧誘し、人々の家の財宝を捨てさせ、酒、野菜や家畜を道端に並べて、「新しい富が入ってきた」と叫ばせた。都や田舎の人は、常世の虫をとって、清座《しきい》

（家の中の神聖な場所）に置いて、歌い舞って、福を求めて珍宝を捨てた。しかし、御利益《ごりやく》はなく、損ない、費やすことばかりだった。

ここに葛野の秦造《はたのみやつこ》河勝が、民が惑《まど》わされているのを憎み、大生部多を討ち取った。巫覡らは恐れて、宗教活動をやめた。時の人は、次のように歌をつくった。

太秦《うづまさ》は　神《かみ》とも神《かみ》と　聞《きこ》え来《く》る　常世《とこよ》の神《かみ》を　打《う》ち懲《きた》ますも

（太秦＝秦河勝は、神の中の神と噂された常世の神を打ち懲《こ》らしめた）

この虫は、つねに橘《たちばな》の木や曼椒《ほそき》（山椒《さんしょう》）に生じる。長さは四寸（約十二センチ）あまり、大きさは親指ぐらいで、色は緑で黒い斑点がある。その形は、蚕にそっくりだ。

これが、事件のあらましである。ここに、大きな謎が潜んでいる。

常世には、ふたつのイメージが重なっている。死後の世界と、不老長寿の世界だ。「誰もが常世の神と崇めていた」という歌の常世は、不老長寿の世界をいっている。したがって、前半の大生部多の説話を無視し、歌だけ読めば「秦河勝は過《あやま》ちを犯してしまった」と、解釈可能となる。「神の中の神と噂される常世の神を誤って懲らしめてしまった」ということになる。

秦河勝は、何をしでかしたというのだろう。

水谷千秋《みずたにちあき》は『謎の渡来人 秦氏』（文春新書）の中で、秦氏は殖産興業や商業を率先して推進してきたため、「富を捨てよ」という大生部多の教えを許すことはできなかったのだろうといい、

信仰上の理由というよりは、民の生産・経済活動を停止しようと図る教えに危機感を抱いたからであろう。

とする。しかし、重視すべきは、この前後の『日本書紀』の記事である。

山背大兄王一族滅亡から乙巳の変に至る『日本書紀』の記事は、「蘇我本宗家が滅亡に至るまでの因果応報」を説き続けている。とくに、皇極紀の記事のほとんどは、蘇我氏の専横

と天変地異、無気味な凶兆《きょうちょう》、巫覡たちの予言にあてられていて、『日本書紀』の「意図」は、はっきりとしている。その流れから見て、大生部多殺害と蘇我氏滅亡事件の間に、何かしらの因果関係を見出すことができると思うのである。

皇極三年（六四四）七月に、常世神事件は勃発し、さらに翌年、蘇我本宗家が滅亡する。その直前まで凶兆が多く、天変地異が相次いだ。これは、史実なのだろうか。あるいは『日本書紀』の演出なのか……。

それはともかく、『日本書紀』が示した天候不順、天変地異を、拾い集めてみよう。

舒明《じょめい》六年（六三四）八月、翌七年三月には、彗星が現われ、八年正月には日食、同年五月には霖雨《りんう》（長雨）と洪水があり、是歳《このとし》の条には、大いに日照り、国中が飢えたとある。九年二月には、巨大な星が東から西に流れ、雷鳴のように響いた。僧旻《そうみん》は、天狗《あまつきつね》の声だといった。三月には日食が、十年七月に大風、九月に霖雨。十一年正月に大風と降雨。長い星が現われ、僧旻は、「これは彗星《ほうきぼし》だ。飢饉の前兆だ」と予言した。十二年二月、星が月に入った（星食現象）。

皇極元年（六四二）三月、雲もないのに雨が降った。四月、霖雨。六月、日照り。七月に客星《まろうとほし》が月に入る。祈雨《きう》（雨乞い）が行なわれた。十月、地震が続き、雲がないのに降雨。十一月、大雨と雷鳴。十二月、真冬なのに、春のような陽気で、雷鳴が轟いた。二年正月、五色の雲が空を覆《おお》った。大風が吹く。二月、雹《あられ》が降り、草木をなぎ倒した。風が吹いて雷鳴があって、みぞれが降った。三月、霜が下りた。風と雷、みぞれ。四月、大風と雨。そして雹。五月、月食。七月茨田池《まんだのいけ》（大阪府寝屋川市《ねやがわし》）の水が腐った。八月、茨田池の水が藍《あい》の汁のようになって、虫の死骸が水面を覆い、魚の腐臭がした。九月、大雨と雹。

このように、異常気象と天変地異が続き、大生部多を秦河勝が懲らしめ、さらに、蘇我本宗家が滅びる話につながっていく。

『日本書紀』は、異常気象と天変地異を書き連ね、それを強く印象づけることによって、世情の不安を演出していた可能性がある。つまり、蘇我入鹿の滅亡は天命だったと主張したかったのではあるまいか。

もうひとつ、『日本書紀』は、「巫覡の活躍」というエピソードを添《そ》えることによって、蘇我氏周辺の歴史を語っている。

巫覡とは、神に仕え神降ろしをする人々で、「巫」は女性、「覡」は男性のシャーマンである。

この時代の巫覡たちは、民衆の中に溶けこみ、徒党を組んでいたようなのだ。仏教や道教《どうきょう》（陰陽道《おんみょうどう》）を国家が支配し、管理していく時代、民衆の心の拠《よ》り所になったのが、名も知れぬ巫覡たちの活躍だったのだろう。

ただし、巫覡の活動が朝廷から邪悪な信仰とみなされていたことは、『続日本紀《しょくにほんぎ》』宝亀《ほうき》十一年（七八〇）十二月十四日の次の記事からも明らかだ。

左右の京に勅《みことのり》して次のように述べられた（光仁天皇）。

「聞くところによると、このごろ、無知な百姓《おおみたから》が巫覡と交わり合い、みだりに祀るべきでない神を崇め、藁《わら》を結んでつくった犬を並べ、呪文を記した札《ふだ》の類など、怪しげなものをつくり、街路に満ちあふれている。ことによせて福を求め、かえって禁じられている厭魅《えんみ》（呪詛《じゅそ》）にかかわってしまっているという。ただ法律を恐れないばかりか、まことに長く怪しげな風潮を助長するだろう。今からのち、厳しく禁じるように。違反する者がいたら、五位以上の官人の名は記録し、奏聞《そうもん》し、六位以下の官人は管轄する官司《かんし》が処罰するように。ただし、病にかかったために祈禱する者は、京内に居住していない場合のみ、これを許せ」

このように、巫覡の広める信仰は、奈良時代になると「低俗で反動的」と見なされ、断罪されていたのだ。秦河勝も、まったく同じ図式で朝廷に命じられ、大生部多を討っていたのかもしれない。

ただ、不思議なことがある。巫覡・大生部多が討たれたのは蘇我氏全盛期だったが、蘇我氏は、民間信仰を広めようとしていた巫覡と、結ばれていたようなのだ。すると、秦河勝の大生部多殺しは、蘇我氏との反目を意味しているのではあるまいか……。そこで、蘇我氏と巫覡のやりとりを『日本書紀』の記事の中から拾い上げてみよう。

皇極二年（六四三）二月、是月条《このつき》には、蘇我蝦夷と巫覡の話が出てくる。

是月に、風が吹き雷が鳴り、雨氷《みぞれ》が降った。冬令《ふゆのまつりごと》を行なったからだ。国内の巫覡《かんなぎ》らは、小枝を折り、木綿《ゆう》をかけ垂らして（神事に用いる）、大臣《おおおみ》（蘇我蝦夷）が橋を渡るときをうかがい、争って神語《かむこと》の微妙な意味合いを口々に述べあった。けれども巫覡の数が多すぎて、すべてを聞き取ることはできなかった。

これは本当の話なのだろうか。なんとも芝居がかった設定ではあるまいか。

蘇我蝦夷や入鹿は、巫覡だけではなく、「雑多な声」に遭遇している。『日本書紀』は、蘇我本宗家滅亡直前に、多くの謡歌《わざうた》や童謡《わざうた》を「暗示」として掲載している。

たとえば、同年十月十二日、次の記事がある。

十二日、蘇我臣入鹿はひとりで計略を練って、上宮王家を廃し、古人大兄皇子《ふるひとのおおえのみこ》を立てて天皇にしようと考えた。そのとき、童謡《わざうた》があって、次のように言った。

「岩の上《へ》に　小猿米焼く　米だにも　食《た》げて通らせ　山羊《かましし》の老翁《をぢ》」

(岩の上で、小猿が米を焼いている。せめて、この米を食べて通られてはいかがですか。山羊のおじさん)

『日本書紀』の分注は、この童謡のあとに、「蘇我入鹿は、深く上宮王家の名が天下に響きわたっていることを憎み、ひとり分際《ぶんざい》を越えて奢り立つことを画策した」と続けるが、歌の内容と『日本書紀』のいいたいこととは、あまり関係が密ではない。ただし、このすぐあとに、上宮王家滅亡事件の記事が続いている。

皇極三年（六四四）六月三日には、志紀上郡《しきのかみのこおり》（城上郡《しきのかみ》。奈良県天理市南部から、桜井市三輪山山麓あたりまで）の人が、次のように述べた。

三輪山で猿が昼寝しているのを見た人が、密《ひそ》かに腕を捕まえ、身は損なわないようにしていたら、猿は寝たまま、次のような歌を詠んだ。

向《むか》つ峰《を》に　立てる夫《せ》らが　柔手《にこで》こそ　我が手を取らめ　誰《た》が裂手《さきで》　裂手《さきで》そもや　我が手取らすもや

（向こうの峰に立っているあの方のやわらかそうな手なら、私の手を取ってもよいが、誰のかわからないこのひび割れた手が、私の手をお取りになる）

その人は、「猿が歌を詠んだことに驚き怪しみ、手を離して立ち去りました。これは、数年後に上宮王家が蘇我入鹿のために逃げ、生駒山で包囲される前兆です」と申し上げた。

この話が終わると、次の話に続く。

同月六日、剣池《つるぎのいけ》（奈良県橿原《かしはら》市石川《いしかわ》町の石川池）の蓮の中に、ひとつの茎に二つの蕚《はなぶさ》のあるものがあった。豊浦大臣（蘇我蝦夷か入鹿）は自分勝手に推理し、「これは、蘇我氏の将来の瑞兆《ずいちょう》だ」と言い、金泥で記して、法興寺《ほうこうじ》の丈六《じょうろく》の仏に献じた。

この話が終わって、是月条《このつき》に移っていくが、そこには、次のような記事がある。皇極二年（六四三）二月是月条によく似た話である。

是月に、国内の巫覡らが小枝を折って木綿《ゆう》をかけて、大臣（蘇我蝦夷か入鹿）が橋を渡る時を見はからい、争って神語《かむこと》の微妙な言葉を述べた。あまりにも多くの巫覡がいたので、はっきりと聞き取ることができなかった。老人等は、「時勢が変わる兆しだ」と言った。時に、謡歌《わざうた》三首があった。

その一に言う。

（1）遥々《はろはろ》に　言《こと》そ聞ゆる　島の藪原《やぶはら》
（遥か遠くから人の話し声が聞こえてくる、島の藪原で）
その二に言う。
（2）彼方《おちかた》の　浅野の雉《きぎし》　響《とよ》さず　我は寝しかど　人そ響《とよ》す
（遠方の浅野の雉《きじ》は、鳴きながら飛ぶが、私は静かに寝たのに、人が騒がしい）
その三に言う。
（3）小林《おばやし》に　我を引入て　奸《せ》し人の　面《おもて》も知らず　家も知らずも
（林の中に私を引き入れて犯した人の顔も知らず、家も知らない）

老人たちは「時勢が変わる兆し《きざ》」と言うが、これらの謡歌が何を暗示しているのか、はっきりとわからない。ただ、蘇我本宗家滅亡ののち、『日本書紀』はこれらの歌の意味を次のように説き明かしている（皇極四年六月条）。

（1）の歌は、宮を「島」＝島大臣《しまのおおおみ》（蘇我馬子）の邸の隣に建て、そこで中大兄皇子と中臣鎌足がひそかに大義を謀《はか》り、入鹿を殺そうとしていた兆しだった。
（2）の歌は、上宮王家の性格は温順だから、罪なくして入鹿のために殺され、天が代わって誅殺《ちゆうさつ》する前兆だった。
（3）の歌は、入鹿臣が宮中で、佐伯連子麻呂《さえきのむらじこまろ》らに殺される前兆だった。

ただし本当の問題は、件《くだん》の謡歌が挙げられた直後、秦河勝の「大生部多退治説話」につながっていくことだ。そして、大生部多の話の次が、すぐに乙巳の変なのだから、蘇我本宗家滅亡の前兆が長々と語られ、その過程に、大生部多と秦河勝の説話がはさまっていることがわかる。

蘇我氏と巫覡《ふげき》は結託《けつたく》していた？

ここでまず注目しておきたいのは、蘇我本宗家滅亡の直前に、なぜ多くの巫覡が登場し、蘇我氏とかかわりを持っていたのか、ということである。あるいは、なぜ『日本書紀』は、この段階で、集中的に巫覡らの逸話を用意する必要があったのだろう。

蘇我本宗家の人々に対し、巫覡たちは、「蘇我本宗家が滅びる」と予言していた、と『日本書紀』は説明する。しかし実際には、「巫覡たちの言っていることは、聞き取れなかった」上に、巫覡らの言葉の内容はあいまいだ。

そこで中村修也《なかむらしゅうや》は『秦氏とカモ氏』（臨川選書）の中で、興味深い指摘をしている。もし神託の内容が蘇我氏批判であれば、編者は謡歌同様に克明に記したであろう。それが記されていないということは、実は神託の内容が蘇我氏批判ではなかったためではないかと想像できるのである。

そして、蘇我氏と巫覡は結託していたというのである。

たしかに、『日本書紀』の態度は不可解だ。乙巳の変にいたる過程を、『日本書紀』は巫覡らの活動を通して語り続ける。普通に考えるならば、彼らの予言は、「蘇我氏は滅びる」がふさわしい。もし仮に、「どんな忠告を受けても蘇我氏は聞く耳をもたなかった」と『日本書紀』がいいたかったのなら、「予言の内容」をはっきりと示すべきであった。

そこで中村修也は、蘇我氏と巫覡の結託の証拠に、次の例を挙げる。皇極元年（六四二）七月二十五日の祈雨《きう》の儀式である。『日本書紀』には次のようにある。

この日、群臣が語り合って言うには、

「村村の祝部《はふりべ》（神職）の教えのままに、あるいは牛馬を殺して、諸々の神社の神を祀り、あるいは、たびたび市を移して、あるいは河の神に祈りましたが、まったく験《しるし》がありません」

そこで蘇我大臣は次のように答えた。

「寺々に大乗経典《だいじょうきょうてん》を転読《てんどく》（経典の一部だけを読み、経本を転回して全部を読んだものと見なす）させるがよい。悔過《けか》する（罪を悔いる）こと仏の説くごとくして、敬い、雨を乞《こ》おう」

二十七日、大寺《おおでら》（百済大寺《くだらだいじ》）の南庭で仏と菩薩の像と四天王の像を安置し、僧たちを招請《しょうせい》し、大雲経《だいうんきょう》などを読ませた。時に蘇我大臣は、手に香炉《こうろ》を執り、香を焚《た》いて発願《ほつがん》した。すると翌日、小雨が降った。

二十九日、雨乞いはできなかった。そこで、読経《どきょう》は中止になった。

八月一日、天皇（皇極）は、南淵《みなぶち》（奈良県高市郡明日香村稲渕《いなぶち》）の河上に行幸され、跪《ひざまず》いて四方を拝み、天を仰いで祈られた。すると、雷が鳴って大雨が降った。ついに五日間降り続け、天下を潤した。天下の百姓は、みな万歳と称え、「(皇極は)至徳《しとく》の天皇だ」と申し上げた。

この話は、天皇の祭祀《さいし》が蘇我氏の仏教儀礼よりも優れていたことを示すものと考えられてきたが、それ以前に、牛馬を殺すという民間信仰的な行動が真っ先にとられていることは、無視できない。

中村修也は祈雨の殺牛《さつぎゆう》について、農耕儀礼として農耕文化とともに発生したといい、「村村の祝部」は、後の世の神社の神職ではなく、巫覡と同類と見なすべきだという。また、村村の祝部が、神祇《じんぎ》を司る中臣氏や寺院にではなく、まず「蘇我大臣」に報告しているところに、蘇我と祝部のつながりを感じるという。そして、祝部(神職・巫覡)→蘇我→天皇という三層構造を想定している。地祇《ちぎ》諸神→仏教→天皇という秩序づけである。

この図式を秦河勝による大生部多退治に当てはめれば、次のような形になる。

そして、『日本書紀』皇極三年七月条に「都鄙《みやこひな》の人、常世の虫を取りて……」とあり、大生部多に惑わされたのが東国の人間ばかりでなく、影響は都にも及んでいたことから、中村修也は次のように述べる。

まるで幕末の「ええじゃないか」のような現象である。「ええじゃないか」も不明な点が多いが、幕府の末期的状況や社会不安のもとに、世直しへの民衆のエネルギーが発露したものといえよう。

しかし、これまでの古代史の常識にこの推理を当てはめてみると、大きな疑問が生まれてくる。

聖徳太子は秦河勝に仏像を授け、大抜擢して寵愛したという。聖徳太子と秦河勝は改革派で、これを邪魔立てしたのが、蘇我本宗家だ。そしてこれを成敗した正義の味方が中大兄皇子と中臣鎌足だったとこれまで信じられてきた。この過程で、聖徳太子の子とされる山背大兄王の一族は蘇我入鹿によって滅亡に追い込まれ、また山背大兄王らは、「山城に逃げれば勝てる」と、考えていた。だから、この場合も、秦河勝は「聖徳太子の一族＝改革派の味方」である。

乙巳の変ののち、大化改新が断行され、百姓は大喜びしたと『日本書紀』にはある。したがって、中村修也がいうような、「ええじゃないか」のごとき世直しの気運は、大化改新によってピークを迎えたわけである。ならば、改革派の「聖徳太子＋秦河勝」は、「ええじゃないか」をむしろ煽《あお》り、蘇我氏を困らせる側にまわっていなければおかしい。ならばなぜ、秦河勝が率先して、大生部多を潰《つぶ》しにかかったのだろう。話の辻褄《つじつま》が、しっくりと合ってこない。

すり替えられた真相

ところで、中国で古くらか守られてきた土着の信仰は老子《ろうし》の編み出した道教であった。そして一世紀ごろ、仏教が伝わり、二世紀になって、しだいに発展し、三世紀から五世紀にかけて、道教も仏教も、それぞれ教団をつくって覇《は》を競ったものだ。

たとえば『老子化胡経《ろうしけこきょう》』は、仏教よりも優位に立つために、道教側がつくったニセの経典であった。その中で、「老子は中国から西の方角に向かい、胡《こ》の国に行き、釈迦となり、胡の国を教化した。だから仏教は、道教が大本《おおもと》なのだ」というのである。このように、仏教と道教は中国で対立し、これ以降も激しく鍔迫《つばぜ》り合《あ》いを演じたのだった。

下出積與《しもでせきよ》は『道教と日本人』（講談社現代新書）の中で、次のように述べる。

その対立の最盛期に、道教も仏教も相《あい》前後して、ともに外来宗教として日本へ流伝《るでん》してきたのである。したがって、この両者が日本で展開していくに当って、大陸における対立相剋《そうこく》の関係がまったく反映されなかったとは、まず考えられないであろう。

その上で、大生部多の常世神信仰を、道教にもとづく信仰と位置づける。現世利益を祈り、神体を「常世の神」と崇める。常世は神仙思想の中核の「不老長寿」の意味に他ならず、道教信仰の特徴が典型的に示されているとする。

問題は、なぜ広く信者を集めた道教信仰の教祖に当たる大生部多を、秦河勝が成敗したのか、である。

この事件の起こる七世紀前半までの状況は、部族的な性格を帯びた仏教が、鎮護国家《ちんごこっか》的な仏教に脱皮しようとするちょうど過渡期だったと下出積與は指摘する。その上で、聖徳太子と親密な関係にあって崇仏《すうぶつ》を推し進める中心的存在に秦氏が立っていて、道教信仰を弾圧したのだろうと推理したのである。

しかし、不思議なのは『日本書紀』の記事だ。秦河勝は、朝廷の権力による宗教弾圧の手先となって、大生部多を滅ぼしたのであって、『日本書紀』がいうような、「神とも聞こえた者を懲らしめたのは、すごいことだ」と人々が称賛した、という物語の展開が、どうにも不自然で納得できない。無辜《むこ》の民が現世利益を願ってはじめた信仰を弾圧をする権力者を、人々は歓迎するだろうか。

つまり、この「称賛」は、当時の民衆の声ではなく、八世紀の『日本書紀』編者や為政者たちの「思惑《おもわく》」を代弁したに過ぎないのではあるまいか。なぜそのようなことを言い出すのかというと、秦河勝が「懲らしめた」相手が、大生部多ではなく、実際には蘇我入鹿ではないかと思えてならないからである。

つまり、「懲らしめた」という言葉は、「正義の味方を潰してしまった秦河勝」に対する「皮肉」であり、元々この「常世の神を打ち懲《きた》ますも」という歌は、「常世の神を殺してしまった秦河勝を責める内容」だったのではあるまいか。

だいたい、『日本書紀』の記事の流れそのものが、不可解だったのだ。

皇極天皇が即位して蘇我入鹿が暗殺されるまでの『日本書紀』の記事は、天変地異と蘇我氏の専横と巫覡たちと蘇我本宗家のからみ、そして山背大兄王一族の滅亡事件、中大兄皇子と中臣鎌足の蘇我入鹿暗殺計画というように、「蘇我入鹿はいかに滅びていったのか」を、あらゆる材料を用意して説明していた。

そこに、蘇我入鹿暗殺の直前、大生部多を秦河勝が懲らしめるという事件が記録されていたのだ。しかも、この間、蘇我本宗家は巫覡たちと『日本書紀』の記事の中でたびたびからみ、中村修也は、蘇我氏と巫覡は手を組んでいたと疑い、秦河勝は、「巫覡と手を組んだ大生部多を成敗した」という。これは、はたして偶然なのだろうか。

よくよく考えてみれば、播磨の大避神社の伝承では、「秦河勝は蘇我入鹿の乱から逃げてきた」といっていたのだ。もし仮に『日本書紀』の大生部多をめぐる記事を信じるならば、山背大兄王一族滅亡後、秦河勝はしばらく畿内に居残っていて、蘇我入鹿暗殺直前までは、播磨に逃げていなかったことになる。

したがって、大避神社に伝わる「蘇我入鹿の乱」とは、やはり「蘇我入鹿暗殺事件＝乙巳の変」と変えたほうが理にかなっている。つまり、秦河勝が「懲らしめた」のは、大生部多ではなく、実際には蘇我入鹿だった可能性が出てくるのである。

『日本書紀』は、「蘇我入鹿を殺したのは、中大兄皇子と中臣鎌足」と記録する。秦河勝の姿は暗殺現場のどこにもない。だから、秦河勝実行犯説は、なかなか受け入れてもらえないかもしれない。

けれども、いくつもの傍証があり、また秦河勝には、しっかりとした動機が備わっている。

蘇我入鹿暗殺の直後、自宅に駆け戻った古人大兄皇子《ふるひとのおおえのみこ》は、「韓人《からひと》、鞍作臣《くらつくりのおみ》を殺しつ」(韓人が蘇我入鹿を殺した)と叫んでいる。「韓人」とは、朝鮮半島の人を指しているのだろう。だが暗殺現場にそのような人物は見あたらない。

そこで『日本書紀』分注は、「韓政《からひとのまつりごと》に因《よ》りて誅《つみ》せらるるを謂《い》ふ」と、補足している。「韓政」とは、この場合、「三韓の進調」と考えられている。三韓の進調の場面で暗殺が決行されたから、「韓人が入鹿を殺した」と古人大兄皇子が叫んだというのだ。しかしこれは、『日本書紀』編者の意地の悪い「ほのめかし」なのではあるまいか。

『日本書紀』は聖徳太子と山背大兄王という虚像を用意することによって、蘇我本宗家を悪役に仕立て上げることに成功した。だから、蘇我入鹿殺しは本来なら、「聖者殺し」だったのに、「悪人成敗」と書き換えられ、中大兄皇子と中臣鎌足が、実行犯として、歴史に名をとどめたということだろう。そして秦河勝は、「入鹿殺しの手柄」すら与えられず、その一方で、「大生部多殺し」という、脇役としての活躍を記録されたことになる。

ここで思い出されるのが、広隆寺の本尊・聖徳太子三十三歳像だ。すでに触れたように、この像には、歴代天皇が、即位儀礼に用いた服を贈り続けてきた。なぜ広隆寺で、聖徳太子は祀られ、しかも天皇家も「広隆寺の聖徳太子」に気を遣《つか》い続けてきたのだろう。

これまで考えられてきたのは、「秦河勝が聖徳太子に寵愛されていたから」というものだった。しかし、「即位儀礼の服」を着せ続けてきたところに、「聖徳太子に対する恐怖心」を感じずにはいられないのである。聖徳太子が恐ろしくてしょうがなかったから、聖徳太子三十三歳像をおだて上げ、天皇になぞらえ、鎮魂していたとしか思えない。「秦河勝は聖徳太子に寵愛されていたから、聖徳太子を祀った」というこれまでの常識は真相を突いていない。「聖徳太子は蘇我氏を大悪人に仕立て上げるための虚像」という推理を当てはめれば、もっと異なる発想が生まれる。秦河勝が恐れていたのは蘇我入鹿ではなかったか。

法隆寺最大の祭りに、聖霊会《しょうりようえ》がある。この祭りのクライマックスで演じられるのが、蘇《そ》莫《まく》者《さ》の舞だ。蘇莫者は山神で、聖徳太子が四天王寺に向かう途次、笛を吹いていると、背後に現われ、出会ったという。長い神で顔を隠すその姿は、鬼そのものである。蘇莫者は恨めしげに舞い狂う。

梅原猛は『隠された十字架』の中で、蘇莫者を「蘇我の莫《な》き者」と考えた。蘇莫者は「蘇我の亡霊」であり、蘇我系皇族・聖徳太子の怨霊に他ならないというのである。

しかし、納得できない。蘇莫者の舞には、「太子」という笛役がいるからだ。聖徳太子は笛を吹いて、蘇莫者を守《も》り立てている。まさに伝説どおり、出会ったときの場面を再現しているのだ。しかも「太子」は、目立たぬ脇役に過ぎない。法隆寺の主役であるはずの「太子」が、蘇莫者に主役の座を譲っている。いったい、聖徳太子よりもスポットライトを浴びる「この鬼＝蘇莫者」の正体は、なんなのか……。

蘇莫者は、法隆寺が本当に祀っている神であろう。そして、法隆寺が祀る蘇莫者こそ、広隆寺本尊・聖徳太子三十三歳像の正体でもあるはずだ。もちろんそれが、罪なく殺され、しかも本当の改革者だった蘇我入鹿である。

古い渡来人と今来《いまき》の才伎《てひと》

そこで問題となってくるのが、動機である。秦河勝は、なぜ改革事業を推し進めていた蘇我入鹿を殺したのだろう。

理由は、二点あったと、筆者は見る。渡来系豪族同士のせめぎ合いと、律令制度に対する不安である。

秦氏は、もっとも早い段階で日本にやってきた古参の渡来系豪族である。彼らは日本人よりも日本人になることにつとめたようなところがあり、その後の日本人の文化形成の、基礎固めをしたといっても過言ではない。ただ、秦氏の悲劇は、彼らが日本人になろうとすればするほど、渡来系氏族の性《さが》を味わっていくことだった。秦氏は、平安時代に至っても、「新羅系渡来人」の宿命を背負い続けていくのである。

秦氏の悲劇と入鹿殺しの動機を知るためにも、ここで改めて、渡来人はなぜ日本にやってきたのか、渡来の契機について、ふり返っておきたい。

朝鮮半島や中国の人々が日本にやってくるきっかけは、いくつもあった。自分の意志、漂流、外交使節、人質、贈与、略奪されて、交易する者として、などである。

古代のヤマト朝廷にとって、渡来人は新しい情報や技術を得るために、なくてはならない人々だった。そしてなぜ、多くの渡来人が日本列島にやってきたのかといえば、すでに触れたように朝鮮半島の動乱と無縁ではなかった。

弥生時代の日本列島の先進地域は北部九州で、朝鮮半島に近いという地の利を活かし、鉄器や新来の文物をほぼ独占していた。三世紀後半から四世紀にかけてヤマトが建国されたのちも、しばらく北部九州の優位性は保たれていて、博多湾一帯には、近畿や山陰の人々が移住し、さらには伽耶《かや》系の渡来人が入り交じっていた様子が、考古学的に確かめられている（福岡市早良《さわら》区の西新町《にしじんまち》遺跡）。

ところが、四世紀末から五世紀には、渡来人は畿内へと移動していき、開発遺跡、生産遺跡で、活躍した痕跡が見られる。有力な首長層が、彼らを支配下に置き、活用する時代がやってきたのだ。

四世紀半ば以降、高句麗が南下してくると、伽耶のみならず、百済も倭国に接近してきた。そして、倭国側も、遠征軍を繰り出し、積極的に朝鮮半島情勢にかかわっていった。援軍を求める朝鮮半島南部の国々は、倭国に「あの手、この手」で、接近してきたのだ。

また、朝鮮半島南部の国々は、しだいに「外交戦略」の「駒」として、才伎《てひと》(技術者)らを日本に送り込むようになる。

たとえば、継体《けいたい》七年(五一三)六月、百済は日本に五経博士《ごきょうはかせ》(『易経《えききょう》』『書経《しょきょう》』など、儒教《じゅきょう》の五つの経に通じた学者)を差し出してきた。これは、前年、任那《みまな》四県を百済に割譲《かつじょう》したことの代償と見られている。継体十年(五一六)秋九月には、やはり百済が五経博士を貢上したとあり、己汶《こもん》の地を賜ったことの見返りだったと記される。

欽明《きんめい》十四年(五五三)六月、内臣《うちつおみ》を百済に遣わした。良馬二匹、船二隻などを賜った。勅して「要請した軍勢は、王の好きなように使えばよい」と伝えた。また、別の勅で、「医博《いはか》士《せ》、易博士《えきはかせ》、暦博士《れきはかせ》らは、順番につとめさせよ。彼らはちょうど交代の時期に当たっている。また、卜書《ぼくしよ》、暦本《れきほん》、各種の薬物も送るように」と仰せられた。つまり、軍勢を百済に送り届け、その見返りに多くの知識者を交替で日本に送るように要請したのだ。

欽明十五年（五五四）二月には、百済が将軍を遣わし、救援軍を要請してきた。そして、前年の勅を受けて、五経博士や易博士らの交代要員が到着して、それぞれの交代を済ませた、とある。

このように、六世紀の朝鮮半島の混乱と遠征軍の派遣によって、日本列島には新たな知識と文化が流れ込んでいたことがわかる。

七世紀になっても、朝鮮半島から、外交上の必要性により、新知識を携えた人質が日本にやってきている。大化三年（六四七）是歳の条には、新羅が使節団を遣わし、孔雀《くじやく》や鸚鵡《おうむ》を献上した、とある。大化五年（六四九）是歳の条には、新羅王が使者を遣わして人質とした、と見える。その従者三十七人は役人の他に、僧や才伎《てひと》が混じっていた。斉明元年（六五五）是歳の条には、高句麗、百済、新羅が進調してきたこと、新羅が人質と才伎十二人を送り込んできた、とある。

このように、五世紀後半以降、七世紀にかけて、伽耶や百済から多くの渡来人がやってきた。彼らは、古くから日本列島に住みついていた渡来人とは区別され、「今来《いまき》」と呼ばれるようになった。そして、彼らの中でも「工人《こうじん》」をさして、「才伎」と呼んだ。「今来の才伎」がこれで、新たな技術と知識を携えた彼らは、大いに期待された存在であった。

かたや、旧来の渡来人たちは、特定の職務をこなし、伴造《とものみやつこ》となって、王家のために働いていたが、やがて集団を束ね、「ウジ」を形成するようになった。ヤマトの王権は、血縁にとらわれない、職務奉仕を前提とした、人為的、擬制的同族集団を形成させていった。まさに秦氏が、古いタイプの渡来系氏族だったのである。

秦氏の悲劇は、このあたりの事情とかかわりがありそうだ。蘇我氏が今来の才伎を統率する東漢氏《やまとのあやし》を重用しはじめたことで、秦氏は苦況《くきょう》に立たされたのではあるまいか。

秦氏以外の渡来氏族の台頭《たいとう》

第三章で述べたように、『日本書紀』雄略十五年には、秦造酒《はたのみやつこさけ》が秦の民を束ね、統率するようになったことが記されていた。同じく雄略十六年冬十月には、「漢部《あやべ》」を集めて、伴《ともの》造《みやつこ》を定め、「直《あたい》」の姓《かばね》を下賜したという。これが、秦氏と並ぶ渡来系氏族の雄・東漢（倭漢）氏である。

ちなみに、東漢氏が記事どおり組織され、五世紀後半に大和国高市郡檜隈《ひのくま》（今来）に拠点を築いたことは、考古学的に確かめられている。一方で秦氏の場合、やや時代が下って六世紀初頭、葛城《かつらぎ》氏の崩壊にともない、山城に移され、編成し直されたとする考えが有力視されている。

当初東漢氏は、軍事的専制王権に従属し、大伴《おおとも》氏の私兵となって活躍していた。ところが、大伴氏が衰弱すると、蘇我氏の支配下に組み込まれる。蘇我氏と東漢氏の関係は、『日本書紀』に記録されている。用心棒的な役割をになわされていたようだ。

崇峻《すしゅん》五年（五九二）十一月三日、蘇我馬子は群臣に偽って、「今日、東国の調《みつぎ》を進上する」と伝え、東漢直駒《やまとのあやのあたいこま》に崇峻天皇を殺させ、その日のうちに倉梯岡陵《くらはしのおかのみささぎ》に葬ってしまった。いわゆる、崇峻弑逆《しぎゃく》事件である。

皇極三年（六四四）冬十一月、蘇我氏絶頂期のこと。すでに触れたように、蘇我蝦夷と入鹿は、甘樫丘に館を建てた。このとき、長直《ながのあたい》（東漢氏の枝族）に命じて、大丹穂山《おおにほのやま》（高市郡）

に桙削寺《ほこぬきでら》をつくらせた。さらに、漢直《あやのあたい》らは、甘樫丘の二つの館に仕えた。

そして皇極四年（六四五）六月十二日、飛鳥板蓋宮大極殿で、蘇我入鹿が暗殺され、中大兄皇子や中臣鎌足は、法興寺《ほうこうじ》（飛鳥寺）に立てこもる準備を始めた。諸々の皇子、諸王、諸卿大夫《まえつきみたち》、臣、連、伴造、国造《くにのみやつこ》ら（ようするに、朝廷の重臣たちはみな、ということ）は、中大兄皇子に従った。そして中大兄皇子は、蘇我入鹿の屍《しかばね》を蘇我蝦夷に賜った。

ここに漢直は、眷属《けんぞく》をすべて集め、甲冑《かっちゅう》に身を固め、蘇我蝦夷に加勢しようとした。しかし中大兄皇子が、将軍巨勢徳陀《こせのとこだ》（徳太）をして「天地開闢《てんちかいびゃく》のはじめから君臣の区別があること」を賊党《ぞくとう》（漢直）に知らしめさせた。高向臣国押《たかむくのおみくにおし》はこのとき、

「我らは君大郎《きみたいろう》（蘇我入鹿）のために殺されてしまう。蘇我蝦夷は、今日か明日に、誅殺《ちゅうさつ》されるだろう。それならば、誰のために空《むな》しく戦って、処刑されてしまうというのか」

と言い、武器を捨てた。漢直らも、散りぢりに逃げたという。

中大兄皇子と中臣鎌足の蘇我入鹿暗殺そのものが、創作と筆者は見るし、この事件は反動勢力の要人暗殺に終わり、クーデターは失敗したと判断するが、この時期の東漢氏が、蘇我氏の懐刀《ふところがたな》として活躍していた事実を、無視することはできない。

今来の才伎を囲い込み、先進の技術と知識を得ていた東漢氏の活躍は、秦氏にとって、脅威だったのではあるまいか。いち早く日本列島の多くの地域に拡散し、灌漑工事を進め、農地を増やし、殖産につとめ、富を蓄えた秦氏であった。しかし、政権の中枢《ちゆうすう》に立っていた蘇我氏は、次から次へとやってくる新しい文物に敏感に反応し、今来の才伎を統率する東漢氏を重用したのだろう。蘇我氏にその気はなくとも、秦河勝は疎外感を覚えたにちがいないのである。

蘇我氏と渡来人といえば、どうしても東漢氏の名が思い浮かぶが、それ以外の氏族とも接点がある。蘇我氏は「新しもの好き」だったようだ。

『日本書紀』敏達《びだつ》元年（五七二）五月条には、高句麗の使者がもたらした上表文《じようひようぶん》を、東西の史《ふひと》（渡来系の官人で、文筆に長《た》けた知識人）たちが読めなかった、という記事がある。ただ、船史《ふねのふひと》の祖・王辰爾《おうしんに》だけが、読み解いた。天皇と蘇我馬子は王辰爾を褒《ほ》め称え、天皇は近侍《きんじ》するように命じた。高句麗の上表文は、烏《からす》の黒い羽根に書いてあったため、みな読めなかったのだ。王辰爾は羽根を湯気で蒸し、絹の布に押し当て、文字を写した。朝廷の人々は、みな驚いたとある。

王辰爾の末裔の船《ふな》氏は、王家だけではなく、蘇我氏とも親しかったようだ。推古二十八年（六二〇）に編纂された『天皇記』と『国記』の編纂に、船氏もかかわっていた可能性が高い。『天皇記』と『国記』は蘇我氏が管理していたようで、蘇我蝦夷は誅殺されるとき、『天皇記』と『国記』を焼こうとしたので、船史恵尺《えさか》はとっさに『国記』だけを拾い上げ、中大兄皇子に奉ったとある。

さらにもうひとつ、蘇我氏は白猪史《しらいのふひと》ともかかわりを持っている。それがわかるのは、吉《き》備《び》に置かれた白猪屯倉《しらいのみやけ》を巡る『日本書紀』の記事である。

欽明十六年（五五五）七月条、蘇我稲目《そがのいなめ》らを吉備に差し向け、この白猪屯倉を置かせた。欽明十七年（五五六）七月にも、稲目らを備前《びぜん》の児島《こじま》郡に遣わし、屯倉を置かせたとある。白猪屯倉は児島屯倉の別名とされている。岡山市、玉野《たまの》市、倉敷市の一帯で、吉備の要《かなめ》となる場所を蘇我氏が開発し、管理していたことになる。そして欽明三十年（五六九）四月、王辰爾の甥・白猪史胆津《いつ》が、白猪田部《たべ》（田部は、屯倉の田を耕す人）の戸籍をつくり直し、再編成を行なっている。

敏達三年（五七四）十月、蘇我馬子を吉備国に遣わし、白猪屯倉と田部を増やさせた。すなわち、増やした分の田部の名簿を白猪史胆津に授けた。

　このように、蘇我氏と白猪史は、吉備の屯倉で結びつく。

　船と白猪、ふたつの氏は、河内国丹比郡《かわちのくにたじひのこおり》（大阪府東南部）を本拠とした人々だ。延暦《えんりゃく》九年（七九〇）七月十七日の津連《つのむらじ》真道《まみち》らの上表があって、百済の貴須王《きすおう》の孫・辰孫王《しんそんおう》（智宗王《ちそうおう》）の後裔とされている。ただし、隣接する地域の西文《かわちのふみ》氏ら、百済系フミヒトの諸氏と擬制的な同族集団を形づくっていた。蘇我氏は彼らを掌握し、南部、中部の河内とつながっていったと考えられる。

　河内といえば、物部氏を思い出す。中河内に勢力圏を築いていた物部氏は、西漢《かわちのあや》氏を取り込み、蘇我氏に対抗した。六世紀の蘇我馬子と物部守屋の仏教導入を巡る争いの真相は、「宗教戦争に名を借りた政争」と思えるが、その裏に、渡来人（今来の才伎）の奪い合いという要素も含まれていた可能性が高いのである。

　今来の才伎が重宝されたのは、彼らが新知識をもたらすからであり、今来の才伎たちも、その次に才伎がやってくれれば、もはや「古い人たち」になってしまうのであって、だからこそ、「少しでも新しい知識」を求めて、王家、蘇我氏、物部氏らが、鎬《しのぎ》を削ったのだろう。

このような環境の中で、見事に土着化することに成功した秦氏であったが、知識は古くなり、「渡来人としての存在感と価値」は、しだいに色あせていったのではなかったか。

蘇我氏と対立する秦氏

時代は大きく入れ替わろうとしていた。

同盟国であった伽耶は、六世紀、新羅にかすめ取られた。大きなしこりを残した外交戦の大敗だったが、ここからヤマト朝廷は、中国の隋《ずい》や唐で誕生した律令制度を取り込むことによって、新たな中央集権国家体制の構築を目指したのだ。もちろん、旗振り役は、蘇我氏であった。

既得権益集団となった秦氏にとって、律令制度は「得体《えたい》の知れない恐ろしいシステム」に映ったのではなかったか。

「律令」とは、「律=刑罰」と「令=行政法」で、ようするに明文化された法をさす。いっぽう、聖徳太子の編み出した憲法十七条は、「訓戒」のような内容で、法としての体裁を整えていない。律令整備によって、はじめて日本に明文法が生まれた。

また律令制度は、土地制度の見直しでもあった。それまで認められていた土地と民の私有は原則禁じられ、土地も民もいったん天皇のものとなり、戸籍をつくり、民に土地を公平に分配し、その上で、税や労役、兵役を課すというシステムが導入されたのである。

それまで広大な土地を領有してきた豪族たちは、身ぐるみ剝《は》がされ、いったん裸にされる。多くの既得権益を失う豪族の中には、当然反発する者も出てきただろう。

これまで蘇我氏が「改革の邪魔になった」と信じられてきたのも、蘇我氏が滅亡した直後に大化改新が断行されたことが大きな理由であったし、「蘇我氏は大きな利権を手放したくなかったのだ」という発想が、根底に横たわっていたのだと思う。

しかし、「反動勢力＝蘇我氏」を排除してすぐに大化改新が成功したという『日本書紀』の設定そのものに、無理があったのだ。律令＝法律を書き上げたから、すぐに律令制度を導入できるかといえば、そんなことはあり得ない。明治時代の廃藩置県《はいはんちけん》よりも厳しい現実が待ち構えていた。大豪族たちがそう簡単に、土地と民を手放すはずもなかったのである。

けれどもその一方で、永久都城の原型となった難波宮《なにわのみや》（難波長柄豊碕宮《なにわのながらのとよさきのみや》。大阪市中央区）の発掘調査が進むにつれ、孝徳天皇が強行した難波遷都によって、律令は助走を始めていたらしいことがわかってきたのである。

律令制度は着実に基礎固めを始めていたのだ。しかし、蘇我入鹿を殺してすぐに進捗《しんちょく》したわけではない。準備は蘇我入鹿の時代に始まっていたのだ。『日本書紀』大化元年十二月条には、孝徳天皇の遷都を見た人々が、「そういえば、ネズミが都から難波に向かっていたのは、遷都の前兆だったのだ」と語っているが、『日本書紀』の記事を読み返せば、そのネズミが西に向かって移動したのは、「春より夏に至るまでに」とあることから、蘇我入鹿存命中のことだったことがわかる。

また乙巳の変の直前の皇極四年正月の記事に、飛鳥の都の周辺に猿のうめき声が聞こえ、姿はよく見えないが、十四か二十四はいて、人々は「伊勢大神《いせのおおかみ》の使者だ」と言ったという。その分注には、この年遷都があり、板蓋宮が廃墟になる前兆なのだ、と記されている。

つまり、律令制度の土台となる宮城《きゅうじょう》の建設と難波遷都は、蘇我入鹿の時代にすでに確定していたことがわかる。やはり、律令制度導入を画策したのは、これまでの常識とは裏腹に、蘇我氏だったと考えれば、矛盾はなくなる。

そこで再び思い出されるのは、秦河勝の大生部多退治である。

あの説話の中で、大生部多は人々に「常世の神を祀れば、富と長寿をもたらす」と、そそのかしたとある。人々に向かって、「財宝を捨てれば、新しい富がもたらされる」と呼びかけているが、「既得権益をかざす豪族たち」を説得していたと読み直すことができる。これまで支配してきた土地と民、財産、既得権益を投げ出せば、明るい未来がやって来るという「改革の正義」を、一般民衆は熱狂的に受け入れ、蘇我氏らは、他の豪族たちに向けて必死に説得してまわったのだろう。

けれども秦河勝はこの様子を見て、「みんな、だまされている」と感じ、「神の中の神と称えられた大生部多」を、殺したのだろう。もちろん、「神の中の神」とは、人々が熱狂的に支持していた蘇我入鹿だ。

この「常世の神」を「律令制度」や「改革事業」に置き換えれば、秦河勝は、「改革潰し」を断行していたことになる。そして具体的には、秦河勝は蘇我入鹿を殺したあと、播磨に逃げ落ちたのだろう。

蘇我氏が今来の才伎を重用し、律令整備に奔走する中、秦河勝が「生き残りのための財産」と考えたのは、各地に張り巡らせた人材のネットワークと、一族の総力を結集して開墾してきた広大な土地であろう。それを、この段階で手放せというのは、「日本人よりも日本人になった渡来人・秦氏」にとって、「約束がちがう」と思えたかもしれない。それゆえ、どうしても受け入れられなかったのだろう。

秦氏は反動勢力であり、守旧派の首魁《しゆかい》ということになる。しかし、必死に生き残りを模索した秦氏にとって、残された手段は少なかった。

このように、秦河勝が改革事業に抵抗し、蘇我入鹿を殺す動機は、十分備わっていたのである。

秦河勝は、聖徳太子の寵臣と伝えられているが、聖徳太子とは、要するに蘇我氏のことであろう。おそらく蘇我氏と秦氏の蜜月時代はあったにちがいない。両者の関係が良好だったからこそ、秦氏は「暗殺者」に好都合だったという穿《うが》った見方もできる。

律令制度導入時、蘇我氏にすれば、「秦氏のような豪族にこそ、率先して賛同してもらいたい」と願っていたはずだ。けれども、秦氏は、「生き残るためには、律令制度導入を阻止せねばならない」という思いを、日に日に強くしていったにちがいないのである。

第五章　権力を捨てた秦氏が日本に残したもの

荒ぶる仏法《ぶっぽう》の守護神となった秦河勝

なぜ稲荷神社は日本全国、無数に存在するのか、そして、稲荷神社のみならず、秦氏が深くかかわった八幡神も、なぜ日本人の間に浸透していったのか、その謎を追って、ここまでやってきた。日本を代表する二つの神社が、渡来系だったのに、なぜここまで人々に親しまれるようになったのか……。この謎は、そもそも日本人の信仰とは何かという、大きな謎でもある。

そしてヒントを握っていたのが、秦河勝である。

秦系の世阿弥らは、なぜか「秦河勝は祟る鬼」と、称《とな》えていた。周囲の人間が言っていたのではなく、子孫や同族が「先祖は鬼」と称える例は、極めて稀《まれ》だ。ここに、大きな秘密が隠されているのではあるまいか。

今は途絶《とだ》えてしまった謡曲《ようきょく》に、「守屋《もりや》」がある。井阿弥《せいあみ》の作と考えられているが、物語は物部守屋と蘇我馬子の仏教をめぐる争いのクライマックスの場面を舞台にしている。シテの秦河勝とワキの物部守屋が闘う。

ここで秦河勝は、仏法《ぶっぽう》の守護神であり、荒ぶる軍神となって大活躍する。もちろん、『日本書紀』の同じ場面で秦河勝は登場していない。したがって、この説話の秦河勝は平安時代になって聖徳太子が神格化されたころ生まれた「軍神としての秦河勝」であろう。やはり平安時代に記された『上宮聖徳太子伝補闕記《じようぐうしようとくたいしでんほけつき》』や『聖徳太子伝暦《しようとくたいしでんりやく》』、『今昔物語集《こんじやくものがたりしゆう》』には、勇ましい秦河勝が堂々と登場しているのだ。

また一方で、『太平記《たいへいき》』には秦河勝は登場せず、その代わりに毘沙門天《びしやもんてん》（仏教の護法神）が、同じ役目を負って登場し、聖徳太子を助け、「法敵《ほうてき》＝物部守屋」を懲らしめている。やがて、毘沙門天と秦河勝は、「大荒大明神《おおさけだいみようじん》＝秦河勝の本地が毘沙門天」という、神仏習合《しんぶつしゆうごう》の発想によって、結びついていく。そして秦河勝は、御霊神《ごりようじん》（祟り神）と見なされていくようになったのである。

世阿弥の女婿《じよせい》・金春禅竹《こんぱるぜんちく》の記した『明宿集《めいしゆくしゆう》』には、秦河勝が大避《おおさけ》大明神となり、聖徳太子の建立した広隆寺を守る神になったとある。また、播磨に逃れて神になったといい、次のように述べる。

秦河勝は、業を子孫に譲り、「世を背《そむ》き」、うつぼ舟に乗って西海に出た。播磨国の海人が舟をあげてみると、神となっていた。近隣の者に祟ったので、大きに荒るる神という。その後、坂越《さこし》の浦に崇め、宮を建てた。西海道《さいかいどう》を護《まも》る神となり、宮を「猿楽《さるがく》ノ宮」「宿神《しゆくじん》」とも呼ぶようになった。

やはり、秦河勝は、なぜか祟るのである。

ちなみに、ここに登場する「宿神」は、能楽者が信奉する神だが、各地の被差別民が守り神として斎《いつ》き祀った神でもある。

ところで、服部幸雄《はっとりゆきお》は『宿神論』（岩波書店）の中で、秦河勝が西海に逃れた理由がわからず、「世を背き」、御霊神になった諸人に憑《つ》き、祟った理由もわからず、宮に祀ったら、なぜ強力な守護神になったかも理解できないという。その上で「河勝を神格化した大避大明神は、常識的にいうところの御霊神とは異質の神であることを認めなければならない」といい、菅原道真《すがわらのみちざね》のように、死後祟って出たような神ではない、というのである。

しかし、常識では考えられなくとも、「秦河勝は祟った」と子孫たちが語り継いでいた事実を無視することはできない。この奇妙な伝承が、なぜ生まれたのか、ここに注目しなければば、大切なヒントを失うような気がしてならない。

新羅《しらぎ》から来た神

もうひとつ、謎がある。

芸能民の多くは秦河勝を祖と仰ぐが、正史を読む限り、秦河勝自身に芸能や音楽にかかわる事績がないことなのである。

たとえば『日本書紀』の推古二十年（六一二）是歳《このとし》の条に、次の話がある。

百済から味摩之《みまし》が帰化した。「呉《くれ》に学び、伎楽舞《くれがくのまい》を習得しました」というので、桜井《さくらい》（奈良県桜井市。ただし、飛鳥の「豊浦《とゆら》の桜井寺」とする説が有力。桜井寺の別名は向原寺《むくはらでら》）に住まわせ、少年を集めて、伎楽《ぎがくの》舞を習わせた。

これが、日本で最初の技楽にまつわる記事だが、ここでも秦河勝は、姿を現わさない。いったいなぜ、芸能と秦河勝がつながっていったのだろう。

ちなみに『教訓抄《きようくんしよう》』（雅楽《ががく》の口伝《くでん》）によれば、こののち、伎楽は大和国の橘寺《たちばなでら》、山城国の太秦寺（広隆寺）、摂津国の四天王寺に広がり、奈良時代になると、東大寺《とうだいじ》、西大寺《さいだいじ》、大安《だいあん》寺《じ》、川原寺《かわはらでら》、興福寺《こうふくじ》、筑紫の観世音寺《かんぜおんじ》にも伝わっていったという。

ここで、秦氏と伎楽のかすかな接点を見出せる。広隆寺のみならず、四天王寺と秦氏も、強くつながっているからだ。とはいっても、伎楽は秦河勝が独占的に行なっていたわけではない。

芸能と秦氏は、意外な場所でつながってくる。秦氏は新羅系の渡来人だが、新羅から伝わった芸能の文化が、秦氏とつながっていたからだ。そのひとつが、傀儡《くぐつ》（傀儡子《くぐつ》、操り人形、また、それを操る人たちや旅芸人たち）で、この傀儡を通じて、秦氏の正体がつかめてくる。

さて、中国で「傀儡」といえば、人形使いを意味するが、日本ではむしろ「遊女《あそびめ》」を連想されがちだ。それは、女の人形使いの副業が売春だったからで、鎌倉時代には、漂泊する娼婦を「クグツ」と呼んだ。

平安時代後期に大江匡房《おおえのまさふさ》が記した『傀儡子記《かいらいしき》』には、次のような興味深い記事が残されている。おおまかな話だけを抜き取る。

傀儡子は定まった住処《すみか》がなく、天幕で暮らし、移動生活を送っている。習俗は中国北方の異民族によく似ている。狩猟を生業とし、木製の人形を生きた人間のように操り、手品をやって人々を驚かせている。女たちは、化粧をし、媚《こ》びる。通りすがりの男でも、契《ちぎ》りを結ぶ。彼らは農作業をせず、朝廷に隷属していない。自ら戸籍を離れ、誰の支配を受けることもなく、権威を恐れない。課役がないことを楽しみ、夜になると百神《ひゃくじん》（百太夫《ひゃくだゆう》、白太夫《しらだゆう》）を祀り、はやしたてる。

彼らは何者にも支配されないプライドの高い人々だったが、しだいに差別される人々の範《はん》疇《ちゅう》に組み込まれていく。だからこそ、謎めいた集団なのである。

「クグツ」の語源について、もっとも有力視されているのは、折口信夫《おりくちしのぶ》の考えだ。「クグツの民」は、「海部《あまべ》の子孫の流民の芸能の間に潜んで来た」という、傀儡（安曇磯良《あずみのいそら》）海部説であり、この場合、傀儡子の芸能は、日本で生まれたということになる（『折口信夫全集　第一巻』中公文庫）。

折口信夫の考えは、こうだ。

山人の団体で遊行神人《ゆぎょうじにん》の生活を送った者は「ほかひ人」（乞食者《ほかいと》）と呼ばれ、かたや海人の巡遊伶人《じゅんゆうれいじん》（楽人《がくにん》）団を「くぐつ」といったらしい、と述べる。

ではなぜ、「くぐつ」という呼び方をされたのかというと、まず、

ほかひ人の持つ物容《ものい》れは、山の木のまげ物であって、其《その》旅行器をほかひと称へました。


といい（『折口信夫全集第二巻』）、また一方、この旅行器は霊物を容《い》れる神聖な容器で、傀儡《くぐつ》師《し》が携帯した人形を入れたのだといい、しかもこれが莎草《くぐ》で編んだ「くぐつこ」で、だから、「クグツ」の名が生まれた、というのである。

これに対し、喜田貞吉《きたさだきち》や瀧川政次郎《たきかわまさじろう》は、朝鮮半島の白丁《はくちょう》（「はくてい」とも。漂泊芸能民）と日本の傀儡子の生態がよく似ていることを指摘している（喜田貞吉「朝鮮の白丁と我が傀儡子」『史林』第三巻三号、瀧川政次郎『遊女の歴史』至文堂）。安藤正次《あんどうまさつぐ》は「傀儡子」の語源は朝鮮語の「Koang tai」で「koang」が「kugu」になったと指摘した（『歴史地理』第三三巻三号）。

先述した大江匡房は、傀儡子が「百神」（百太夫、白太夫）を祀ると記録していたが、この神は新羅から伝わった神だったようだ。

「百」「白」は、朝鮮半島では同じ読み「paek」（baek）で、両者はたびたび入れ替わる。だから「百神」は、「白神」とも書かれ、日本では「オシラ様」とも呼ばれる。

それはともかく、朝鮮半島には、「白」を名に持つ山が至る所にある。朝鮮では山岳信仰が盛んで、日本の修験道《しゅげんどう》も、新羅→彦山《ひこさん》（英彦山《ひこさん》）を経由して伝わったとする考えがある。死と再生の場所が「白」の聖山であり、死者が住み、地獄の入口とも考えられていた。

また、蚕《かいこ》の神は「白神」「オシラ神」だが、これも「白山信仰《はくさんしんこう》」の「白」と関係が深いとされている。要するに、朝鮮半島（新羅）の信仰が、秦氏らによって日本にもたらされたわけである。

では、なぜ「百神」「白神」に「太夫」の二文字をつけて「百太夫」「白太夫」になったかというと、これには、深いわけがありそうだ。

五位以上の殿上人《てんじょうびと》を「大（太）夫」というが、大和岩雄は、傀儡としての白拍子《しらびょうし》や遊女たちも、殿上にあがることが許され、寵愛された（殿上で舞ったあと、遊女となる）から、「太夫」だと推理する。芸能にかかわるのは、彼女たちが本来巫女だったからで、芸能と神事は切っても切れない。

若狭出身の白比丘尼《しろびくに》は、八百歳を保ったという伝説の白拍子だ。白拍子とは、平安時代末期から室町時代にかけて活躍した、漂泊する遊女で、宴で舞い、一夜の契りを結ぶ。そして問題は、白比丘尼の父親が秦道満《はたのどうまん》だったと言い伝えられていることだ。

真偽のほどは定かではないし、白比丘尼という名の女人が実在したのかどうかも定かではない。ただここでも、秦氏が芸能とつながっていたことがわかる。そしてもちろん、中世になって、世阿弥らは、「猿楽の祖は秦河勝」と、盛んに喧伝したわけである。

大和岩雄は、なぜ傀儡子や猿楽と秦河勝がつながるのかといえば、その源流が「秦王国《しんおうこく》」にあったたから、と指摘する。新羅の神々を祀るこの一帯には、百太夫神社もあり、百神を祀っていたのは、朝鮮半島から渡来した漂泊民・才人《さいじん》白丁であり、彼らが傀儡子となっていったという。また、秦王国の芸能が、八幡信仰を通して宮廷神楽につながっていったとする。

そのとおりだろう。

第三章で触れた放生会《ほうじょうえ》のクライマックスに演じられる古要神社の「傀儡子舞」の傀儡は、

閼智《あっち》（朝鮮半島で小さな子を意味する）で、八幡神がはじめ三歳の童子《どうじ》姿でこの世に姿を現わしたのも、朝鮮半島の太子巫《ふ》（母神）と太子（御子神《みこがみ》）の信仰につながり、のちの「聖徳太子の太子信仰、弘法大師《こうぼうだいし》の大師信仰へとつながっていく」というのである（『秦氏の研究』）。

ちなみに「太子」は、朝鮮半島の巫女が神降ろしする神霊で、このような巫儀を執り行なう巫女を、「太子巫」と呼ぶ。

それはともかく、新羅系渡来人が集住していたこの地域で、朝鮮半島の習俗が色濃く残っていたことは、当然のことだ。そして、後の時代、秦氏の末裔は芸能の民となっていくが、その源流がすでに宇佐の地で芽生えていたことがわかる。

猿楽《さるがく》の祖となる

中世の猿楽芸能民は、秦河勝を猿楽の創始者とみなし、神格化した。秦河勝は大避大明神と崇められ、この神を指して、『明宿集』は「宿神」と呼んだ。「宿神」は、「後戸《うしろど》の神《かみ》」でもあり（宿神と後戸の神については、このあと説明する）、「摩多羅神《まだらじん》」（念仏守護神。仏教の神だが、神仏習合によって、大避明神と習合した）でもある。

ちなみに摩多羅神は、障礙神《しょうがいしん》（往来の妨げになって人に危害を加える神）だが、丁重に祀れば、守護神に変身する。また摩多羅神（大避大明神）の障礙神という属性は、天孫降臨神話に登場するサルタヒコと重なってくるし、混同されることが多い。サルタヒコは道祖神で、境界の神でもあるが、播磨の「オオサケ神社」の「辟」（避）には「境」の意味がある。

このあたりは複雑なので、すこし説明が必要だ。宿神について、服部幸雄の『宿神論』と水本正人《みずもとまさひと》の『宿神思想と被差別部落』（明石書店）を参考にして、まとめてみよう。

さて、宿神の真相を知るためには、神仏習合によって神道が変質したことを、知っておかなければならない。

古くは神道祭祀《さいし》において、生贄《いけにえ》が神に捧げられた。動物を殺し、それでも効験《こうけん》がない時は、人を殺すこともあった。ところが、仏教は殺生を嫌う。国家レベルで仏教に帰依し、信仰が広まるにつれて、生贄、犠牲は否定されていった。そして、代わりに重視されたのが、「舞踊」「神楽」であった。踊り、魂を体から遊離させ、祖霊と交わる。「猿楽」も、ここから派生する。

猿楽の起源は呪師《じゅし》猿楽で、修正会《しゅしょうえ》、修二会《しゅにえ》の時、後戸（仏堂の背後の入口）で演じられた。

鬼は、後戸から登場すると考えられていた。また、能に登場する翁は後戸の神である。「後戸」には、深い宗教性が秘められていたのである。

また、後戸猿楽は、宿神を呼び起こし、鎮魔除魔をするために行なった。宿神は後戸＝北側に陣取る「北極星」だ。つまり「星宿神《せいしゆく》」で、盧舎那仏《るしやなぶつ》（大日如来《だいにちにょらい》）の守護神でもある。

宿神は、色々の呼び名がある。摩多羅神、大避大明神、秦河勝、翁、守宮神《すくじん》、鏡、猿楽の宮、星宿神などだ。そして宿神は、守護神であるとともに、障礙神でもあり、二つの相反する顔を持つ。幸をもたらし、わざわいももたらすのだ。

金春禅竹は『明宿集』で播磨の大避神社の祭神を秦河勝といい、「宿神」と呼んでいる。また、大避神社を「猿楽ノ宮」といっている。

秦河勝が猿楽の祖だったわけは、聖徳太子が「六十六番の物まね」を秦河勝に演じさせたためだ。太子は六十六番の面を秦河勝に与え、その中の鬼面だけが、円満井座《えんまいざ》に伝えられた。この鬼の面こそ、「根本の面」だったのである。

一方、宿神は翁面なのだが、翁面と鬼面は一対だという。「柔和《にゆうわ》」と「憤怒《ふんぬ》」、「善」と「悪」、「柔和、忍辱《にんにく》、慈悲＝如来《にょらい》の妙体《みようたい》」と「怒り＝夜叉《やしや》、鬼神《きじん》」の一対で、一体異名《いみよう》なのだという。

「宿神の正体を明かす」という意味の題名である『明宿集』には、「宿神は星宿神のこと」とある。星宿神とは北極星で、天空にあって唯一動かない星であることから神霊化され、「太一《たいいつ》」と呼ばれ、崇められる。中国では「大極《たいきょく》」といい、大極から陽と陰が生まれる。太一、大極、宿神は、宇宙の根源であり、混沌《こんとん》でもある。

これで、後戸の神の正体もはっきりとする。仏像は南面しているが、その「後戸」に現れる神が宿神だったのは、宿神が北極星だったたから、当然のことである。

もうひとつ大切なのは、北斗七星だ。動かない混沌（北極星）から陽の気を引き出すには、北極星をまわる北斗七星の力が必要となる。斗《ひしゃく》の形をした星座ゆえ、北極星（祖神）への供《ぐ》饌《せん》を届けるものと考えられた。さらに、「動くことのない北極星＝天帝」の乗り物が、北斗七星である。

陰陽五行では、北（子《ね》）は水気《すいき》が旺《さかん》で、水気の生《はじめ》が申《さる》だ。祖霊祭祀は北方祭祀だから、祖霊を祀るに際し、「申《さる》」が活躍する。

たとえば、天《あま》の岩戸《いわと》（混沌）から天照大神（陽）を引き出すのは、天鈿女命《あまのうずめのみこと》で、この女神は「申」とつながる。猿女君《さるめのきみ》の祖先になったのは、このためだ。

能の翁が猿田彦と同一とみなされるのは、やはり翁が「申」だからである。宿神＝北極星を祀る者は「申」で、「申」は宿神の使者であり、また北斗七星を操って、宿神を先導する。そして、猿楽の本舞・翁の舞に際し、翁の面に、宿神が現われる。翁の面に表情がないのは、北極星としての「中立」であり、「混沌」ということになる。そして、その一方で、舞手の動きによって、翁の面は、陽と陰の、二つの顔を見せるのである。

秦氏はなぜ勝ち馬に乗れなかったのか

漂泊する民、芸能の民は、いつごろから差別されていくのだろう。あるいは、最初から差別されていたのだろうか。

『宇槐雑抄《うかいざつしょう》』（平安末期の左大臣・藤原頼長《ふじわらのよりなが》の日記から行事次第を抜粋したもの）の中に、「律令に穢《けが》れに関する記述はなく、『延喜式』から言い出したことだ」と取れる記事がある。『延喜式』の成立は西暦九二七年のことだから、十世紀前半には差別される人々の色分けが進んでいたようだ。

筒井功《つついいさお》は『サンカの起源』（河出書房新社）の中で、日本人の卑賤観《ひせんかん》、賤民観《せんみんかん》が変化した理由について、次のように指摘している。

仏教の罪穢《ざいえ》思想と、古代社会の崩壊にともなう呪的能力者の零落であったろう。

仏教の広がりによって、「生贄を求めた神道」に変化があり、「穢れ」意識が発達したことは、確かであろう。しかし、それならなぜ、「秦氏の末裔の中に、差別される者が現われたのか」、この謎を解く鍵にはなっていない。

渡来人だから、という説明も的確ではない。たしかに、秦氏は渡来系の中でもっとも大きな勢力を誇っていた。けれども、秦氏だけが渡来人だったわけではない。東漢氏がいる。西漢氏もいる。白村江の戦い（六六三年）ののちに、多くの百済の遺民が日本列島に押し寄せている。彼らではなく、なぜ新羅系の秦氏だけが、「差別される者」の中に組み入れられてしまったのだろう。そしてなぜ、差別される秦氏の祀る稲荷神、八幡神が、日本人に受け入れられていったのだろう。じつに不可解ではないか。

謎を解くヒントは、どこにあるだろう。

やはり、どうしてもひっかかるのは、広隆寺の本尊、聖徳太子三十三歳像である。広隆寺は、聖徳太子三十三歳像を丁重に祀り続けた。そして歴代天皇も、即位儀礼に用いた服を贈り続けた。まるで秦氏と天皇家は、聖徳太子の亡霊を恐れ続けていたかのようだ。

梅原猛は、聖徳太子の怨霊を法隆寺が封じ込めているといい、それはなぜかといえば、山背大兄王《やましろのおおえのみこ》殺しの黒幕は中臣鎌足《なかとみのかまたり》で、後の世の藤原氏は、聖徳太子を恐れていたから、とする（『隠された十字架』）。

たしかに、法隆寺の態度は不自然だった。その東院伽藍《とういんがらん》（夢殿《ゆめどの》）で祀られる聖徳太子等身像の救世観音《ぐぜかんのん》は、まるでミイラのように布でまかれ、厨子《ずし》の中に閉じ込められていた。誰かが「聖徳太子」の祟りを恐れていたことは、間違いない。

ただし筆者は、聖徳太子と山背大兄王は、蘇我氏を悪人に仕立て上げるための虚像に過ぎず、藤原氏が本当に恐れていたのは、蘇我入鹿や蘇我本宗家だったと推理した。そして、秦河勝こそ、入鹿殺しの主犯で、広隆寺でひそかに「聖徳太子三十三歳像＝蘇我入鹿」を祀りあげていたと考えるのである。

ところが、ここで新たな謎が生まれる。というのも、世阿弥らは、「秦河勝は鬼」といい、「祟る」と喧伝していたからだ。これも不思議なことだ。

秦河勝は蘇我入鹿を暗殺し、播磨に逃げたのだろう。『日本書紀』や『扶桑略記《ふそうりやっき》』の記事を総合すれば、蘇我入鹿は祟ったと、誰もが信じていたことがわかる。だから、秦河勝の末裔は、広隆寺で蘇我入鹿を祀りあげた……。この図式は当然のことだ。

そして、蘇我入鹿暗殺後、政権転覆には失敗したが、孝徳天皇が崩御されたあと、中大兄皇子は母を擁立し（斉明天皇）、実権を獲得することに成功している。すなわち、秦河勝の子や孫は、この時点で、「勝ち組」に入ったことになる。しかも、平安時代を通じて、中大兄皇子（天智天皇）の末裔が王家を継承し、政権を担当していたのは中臣鎌足の末裔の藤原氏なのだから、「蘇我入鹿を敵視していた人々の天下」に他ならなかった。

単純に考えれば、秦氏も安泰だったはずだ。平安京遷都の直前、桓武《かんむ》天皇は長岡京遷都を画策して、都は秦氏の地元に移ることになった。桓武天皇は秦氏の底力に期待し、造都の責任者に秦氏と縁を持つ藤原種継《ふじわらのたねつぐ》を指名したのだった。ここでも、秦氏は勝ち組である。

ところが秦河勝の末裔は、なぜか「秦河勝は鬼」といい、何かしらの恨みを抱いていたかのように、言いつのったのである。

『新撰姓氏録』の諸蕃《しょばん》（渡来系豪族）を一覧すると、漢《かん》（中国）、百済、高麗《こま》（高句麗）、新羅、任那《みまな》（伽耶諸国）の中で、「新羅と任那」出身者が、極端に少ない。それはなぜかといえば、多くの者が「われわれは中国系」と出自を改変して申告していたからだ。新羅系と伽耶系の人々は、自らの出自に何かしらの負い目を感じていたのではあるまいか。

秦氏の末裔の中には、芸能民だけではなく、職人や工人となり、鉱業などに携わり、差別されていく者が現われる。

勝者側に立ったはずの秦氏が、なぜ「いわれなき仕打ち」を受けていったのだろう。そして、「差別される秦氏」と、「鬼となった秦河勝」は、どこかでつながってくるのだろうか。

問い直すべきは、「本当に秦氏は歴史の勝者だったのか」ということである。

新羅系を蔑視《べっし》した百済《くだら》系の藤原政権

そこでまず、乙巳の変（六四五年）の蘇我本宗家滅亡ののち、平安時代に至るまでの、おおまかな歴史をおさらいしておこう。これまでの通説どおりではなく、筆者の推理を当ててはめた通史を御覧いただきたい。乙巳の変を起点にすれば、秦氏の立場も明確になってくるはずだ。

さて、乙巳の変ののち即位した孝徳天皇は、すでに述べたように、「親蘇我派」であり、「改革派」であった。だから中大兄皇子は、孝徳朝の要人暗殺をくり広げ、律令整備に反発する勢力をかき集めた。結果、孝徳天皇を難波に残し、勝手に遷都を強行してしまった。ここに、蘇我氏と孝徳天皇の悲願は、潰《つい》え去った。律令国家の整備事業は、いったん頓挫《とんざ》するが、中大兄皇子は私利私欲のために、難波長柄豊碕宮《なにわのながらのとよさきのみや》を捨て去ったのだ。

斉明天皇の下で実権を握った中大兄皇子は、百済復興のための救援軍を送り込むことに奔走する。これに対して民衆は批難し、「負けることは目に見えている」と反発した。それにもかかわらず、遠征を強行したのは、中臣鎌足の正体が百済王子・豊璋で、中大兄皇子が中臣鎌足の掌の上で踊らされていたからだろう。

百済に駆けつけた遠征軍だったが、唐と新羅の連合軍の前に完敗した。百済は滅亡し、多くの遺民が日本に流れ込んだ。そして日本は、ここに滅亡の危機を迎えたのだった。中大兄皇子はそれこそ死に物狂いで、対馬《つしま》の金田城《かなたのき》を筆頭に、西日本各地に山城を造営していく。

しかし、中大兄皇子（天智天皇）には悪運があった。新羅が唐に反旗を翻《ひるがえ》し、半島の独立を目指したのだった。これで、唐と新羅の連合軍が日本を蹂躙《じゅうりん》するという悪夢からは解放されたのだった。

都を近江《おうみ》に遷した中大兄皇子は、天智七年（六六八）にようやく即位した。これが天智天皇だが、政権は安定しなかった。天智天皇崩御ののち、弟の大海人皇子と、子の大友皇子が激突し、大海人皇子が勝利を収める。これが壬申の乱（六七二年）で、天武天皇が誕生した。『日本書紀』が隠してしまった本当の壬申の乱の目的は、親蘇我政権の復活であった。壬申の乱で多くの蘇我系豪族が大海人皇子に荷担し、大友皇子を裏切ったのは、そのためだ。

即位した天武天皇は、皇族だけで政策を決定するという極端な独裁体制を敷いた（皇親政《こうしんせい》治《じ》）。これはどういうことかというと、戸籍をつくり、豪族から土地と民を奪い、再分配するには、大鉈《おおなた》を振るう必要があり、豪族たちの合議に委ねておくことはできなかったからだ。こうして、律令整備は一気に進められたのである。

また、天武天皇は新羅との間にかつてないほどの親密な関係を構築している。

こののち、中継ぎの女帝をはさんで、文武《もんむ》、聖武《しょうむ》、孝謙《こうけん》（称徳《しょうとく》）、淳仁《じゅんにん》と、天武の子孫が皇位を継承していく。したがって、この王家は天武系である。

ただし、ここが複雑なところなのだが、天武の王家は、天智の王家でもあった。天武天皇崩御を受けて即位したのが、皇后の持統《じとう》で、天智天皇の娘だったためだ。「持統天皇から始まる仕切り直しの王家」と考えれば、「持統の王家は天智系」ということになる。持統天皇はひそかにそう思っていたようで、のちに『日本書紀』は持統天皇を天照大神になぞらえ、新たな王家の始祖に仕立て上げている。

また持統天皇は、天武存命中は冷や飯を食わされていた藤原不比等を大抜擢《ばってき》している。持統天皇と藤原不比等の組み合わせは、天智天皇（中大兄皇子）と中臣鎌足コンビの再来であり、ここに、天武の王家は、「獅子《しし》身《しん》中《ちゅう》の虫《むし》」を抱え込むこととなる。藤原不比等の野望は、天皇家の外戚になることによって実権を握ろうというもので、また不比等の末裔たちは、しだいに「天武の王家」に見切りをつけ、「天智の王家」の復興を願うようになる。

そして、天武系最後の称徳天皇の崩御ののち、藤原氏の画策によって、王家は天武系から天智系に入れ替わる。即位した光仁天皇は、天智天皇の孫だ。そして、光仁天皇の子が、桓武天皇である。

桓武天皇の母は、百済の武寧王《ぶねいおう》の十世の孫・高野新笠《たかののにいがさ》であった。この当時の常識でいえば、「卑母《ひぼ》の出」ということになるが、それでも桓武天皇が即位できたのは、藤原氏が陰謀を仕組んだからだ。光仁天皇の正妃《せいひ》・井上内親王《いかみないしんのう》と子の他戸《おさべ》親王を冤罪《えんざい》によって幽閉し、抹殺してしまう。井上内親王は天武系の皇族で、その息子が皇太子だった。つまり、正統な皇位継承候補を、藤原氏は抹殺してしまったのだ。

ではなぜ、百済系である高野新笠の子（桓武）を選んだのかといえば、藤原氏が百済王子・豊璋の末裔だったからだろう。

奈良時代末から平安時代にかけて（つまり、藤原氏が独裁権力をほぼ手中にした時代）朝廷は新羅を蔑視し、敵対行動をくり返していく。これも、原因を求めるならば、藤原氏が百済出身だったからだろう。

蘇我系の聖武《しょうむ》天皇に手を貸した宇佐《うさ》神宮

秦氏の不運は、彼らが新羅（新羅系伽耶）出身だったことに尽きるのではあるまいか。百済滅亡後、大量の百済系遺民が、日本列島に流れ込んだ。彼らは天武朝では冷遇されるが、しだいに復権し、藤原氏が権力の座を独占すると、百済系は優遇されていく。もちろん、百済遺民は、百済を滅亡に追い込んだ宿敵新羅を許すはずもなかった。秦氏の立場は、弱まる一方だったろう。

ただ、そうはいっても、秦氏は巨大な勢力と広大なネットワークを維持していたから、政権側も無視できなかったし、これを活用しようとした場面が、いくつもあった。

たとえば、聖武天皇は盧舎那仏造立《るしやなぶつぞうりゆう》（東大寺建立）に際し、秦氏の協力を仰いだし、桓武天皇も長岡京遷都で、秦氏を頼った。

そこで、その様子を追ってみよう。

聖武天皇が盧舎那仏造立を思いついたのは、天平《てんぴよう》十二年（七四〇）に河内国大県郡《おおかたのこおり》の知《ち》識寺《しきじ》を訪ねた時のことだった。『続日本紀』天平勝宝《てんぴようしようほう》元年（七四九）十二月二十七日の条に事情が書かれている。東大寺に行幸した聖武太上天皇の宣命《せんみよう》だ。ちなみに、大仏そのものは、この年の十月に、完成している。大仏殿はそのあとからつくられた。それはともかく……。宣命は、以下のとおり。

去る辰年《たつのとし》（これが、天平十二年）、河内国大県郡の知識寺に鎮座する盧舎那仏を拝み奉《まつ》り、朕《われ》もつくって奉りたいと思った。しかし、なかなか思いどおりにならなかった。

これが、聖武天皇が大仏造立を思い立ったきっかけだ。そして、不可能を可能にしたのが、宇佐八幡だった。記事の続きを追ってみよう。

そうこうしているうちに、豊前国宇佐郡に鎮座する広幡《ひろはた》の八幡大神《やはたのおおかみ》（要するに宇佐神宮の祭神）かおっしゃるには、

「神である私は、天神地祇《てんじんちぎ》を率い、誘《いざな》い、かならず仏の造立を成し遂げよう。なんということもない。熱い銅の湯を冷やし水にし、我が身を草木土《そうもくど》に交えて、大仏造立を成就させてみせよう」

と仰《おお》せられたが、そのとおり成就したので、うれしく尊いことだと思います。そこで、このままでは済まされないと思い、恐れ多いことですが、御冠位《ごかんい》を神に献上しようと、申し上げます。

ここで、八幡神が大仏造立に手を貸したという話は、「神話」ではなく、現実に、豊前国の人々や八幡神を祀る秦氏が協力したことを意味している。

秦氏が採銅と鋳造《ちゆうぞう》に深くかかわっていたこともわかっている。大宝令以降の金属工の中で、鋳工《ちゆうこう》と銅工は秦氏系が多いから、大仏造立でもっとも重要な銅による鋳造は、秦氏の協力を仰がねばならなかっただろう。

宇佐神宮の近くには、新羅系渡来人が祀る香春神社があって、香春岳で銅が産出されていたことは、第三章で述べたとおりである。

このように、「天武の王家」と秦氏は、聖武天皇の時代に、蜜月を迎えていたのだ。筆者は、聖武天皇は「持統から始まった〝天智＋藤原〟の王家」の中にあって、あえて「天武系の王」であることにこだわった人物と見る（拙著『東大寺の暗号』）。また、天武の王家を「蘇我系」と見なすから、聖武天皇の時代、蘇我系の王家と秦氏は、わだかまりを捨てたということになる。

もちろん、蘇我入鹿暗殺前後、秦河勝がリーダーをつとめていたからといって、巨大な

「秦氏」全体が「反蘇我」だったかというと、首をかしげざるを得ない。血縁関係のないアメーバのような「ゆるい紐帯《ちゅうたい》」、「擬制的関係」が秦氏の実態なのだから、一枚岩だったわけではないはずだ。その証拠に、壬申の乱で秦氏は、敵味方に分かれて闘っている。だから、聖武天皇と秦氏が協力関係にあったとしても、なんら不思議ではない。

失地回復の機会を逸《いっ》する

では、長岡京遷都の場合、桓武天皇と秦氏は、どのような形でつながっていたのだろう。長岡京遷都で、秦氏は地盤を提供した。当然、桓武天皇は、秦氏の協力を得なければならなかったはずだ。

じつは、長岡京遷都は、秦氏の絶頂期であるとともに、奈落《ならく》の底に転落するきっかけになった事件なのである。

どういうことなのか、遷都の経緯を追ってみよう。

『続日本紀』延暦《えんりゃく》三年（七八四）五月十六日条には、次のようにある。

勅《みことのり》して、藤原小黒麻呂《おぐろまろ》、藤原種継、佐伯今毛人《さえきのいまえみし》らが山背（山城）国に遣わされ、乙訓郡長岡村の地を視察させた。都を遷すためである。

事業は、急ピッチで進められる。同年六月十日、藤原種継らを造長岡宮使《ぞうながおかぐうし》に任命すると、十三日には賀茂社に遷都の次第を告げ、十一月十一日には、桓武天皇が長岡京に遷っている。これが、長岡京遷都の経緯なのだが、ほとんど形が整っていない状態での、慌《あわ》ただしい動きである。

そして十二月十八日の条には、「山背国葛野《かどの》郡の秦足長《たりなが》が宮城を築く。従五位上を授ける」と記録されている。直前まで秦足長は、外正八位下だったから、尋常ならざる出世といっていい。

秦氏の特別待遇は、翌年にも見られる。

延暦四年（七八五）八月二十三日条には、「従七位上・大秦宅守《うずまさのやかもり》に従五位下を授ける。太政官院《だいじょうかんいん》（朝堂院《ちょうどういん》か）の垣《かき》を築いたからだ」とある。ここでも、秦氏が、大きな出世を果たしている。

秦氏はこのころ、豊富な財力を駆使して、政権に取り入ろうとしていた気配がある。秦氏が桓武天皇に、かなり早い段階（即位以前）から接触を求めていたことは、のちに再び触れる。しかも、「山背」という地の利を大いに活用して朝廷に便宜を図っている。たとえば、時間をさかのぼるが、聖武天皇の時代にも、そっくりな「秦氏の大出世」があった。

『続日本紀』天平十四年（七四二）八月五日条には、正八位下・秦下島麻呂《しものしままろ》に、従四位下を授け、大秦公《うずまさのきみ》の姓を下賜したという。理由は、「大宮《おおみや》の垣《かき》を築《つ》けるを以《もち》てなり」という。恭仁京《くにきょう》（山背国相楽郡《そうらくぐん》。現在の京都府木津川市《きづがわし》加茂町《かもちょう》）造営に協力したのだ。

山背（山城）は秦氏の地盤だから、土地も提供したのだろう。十四階級の特進は、ただごとではない。下級役人が殿上人《てんじょうびと》に一気に躍り出たのである。

それまで奈良盆地に宮を築き続けてきた天皇家が、なぜ山背に注目するようになったかといえば、長い時間をかけて秦氏が河に堰《せき》をつくり、水の流れを変え、荒地を開墾し、富をもたらす豊かな土地に変え、その上で、秦氏が政権に働きかけたことが、大きな理由だったかもしれない。

こう見てくれば、秦氏が聖武天皇、桓武天皇に取り入り、政界への躍進を夢みた可能性が出てくる。それまで、下級役人の地位に甘んじてきたが、ようやく、遷都事業に協力することで、財力に見合った地位を確保できると、小躍《こおど》りしたのではなかったか。

先述した延暦三年の長岡京遷都のための山背国視察団の筆頭に名を挙げられた藤原小黒麻呂の岳父は秦氏で、長岡京造営の責任者・藤原種継の母は秦氏だった。やはり、長岡京遷都には、秦氏の協力が必要だった。

しかしここに、落とし穴が隠されていた。藤原種継射殺事件が勃発するのだ。長岡京造営の責任者である「藤原」が何者かに暗殺され、秦氏は冷や水を浴びせられるのである。

秦氏にとっての大誤算は、「秦の腹を痛めて生んだ息子＝藤原種継」が消されてしまったことだ。藤原種継は、桓武天皇の寵臣《ちようしん》でもあった。事件の経緯は、以下のとおり。

延暦四年（七八五）九月二十三日の夜、桓武天皇の留守中に、造都の責任者である藤原種継が、何者かに射殺される。皇居は出来上がったが、役所は未完成で、昼夜を問わず、突貫工事をしている最中だった。松明《たいまつ》を掲げて下知《げじ》をしているところに、矢が降り注いだ。

主犯は大伴継人《おおとものつぐひと》と大伴竹良《ちくら》であった。すぐに捕縛《ほばく》されたのである。

じつをいうと、『続日本紀』のこの事件に関する記述は、あまりに素っ気なく、背景がほとんど読めてこない。このあと唐突に、「廃太子《はいたいし》」（桓武天皇の弟の早良親王が皇太子を廃される）の記事が載るが、それがなぜなのか、そのあと早良親王がどうなったのか、事件の肝腎《かんじん》なところが抜け落ちている。

どうやら、一度したためた記事が、削除されてしまったらしい。ところが、『日本紀略《にほんきりやく》』には、ドロドロとした「裏事情」が載っている。

この事件の黒幕は早良親王と親しかった大伴家持《やかもち》で、早良親王をそそのかし、藤原種継殺害計画を練っていた、というのである。

このため、早良親王も捕縛され、廃太子ののち淡路国《あわじのくに》に配流《はいる》されてしまったのだった。

この事件、藤原氏に恨みを抱く大伴一族の反撃と考えるのが一般的だが、どうにも腑に落ちない点が多い。

早良親王は廃太子の憂き目にあっただけでなく、九月二十八日、乙訓寺《おとくに》（長岡京市）に幽閉され、淡路に流されるが、自ら食を断ち、船中で没した。遺骸はそのまま淡路に葬られた。しかし実際には、幽閉後、七日七夜、水を与えられず、挙《あ》げ句《く》の果てに衰弱死したらしい。なんとも残酷な仕打ちではないか。こののち、早良親王の祟りが、都を恐怖のどん底に突き落とすのである。

早良親王は元々出家していて、東大寺に入り、開山の良弁《ろうべん》が死に際し、後事を託したほどで、東大寺の高僧という側面もあった。そういうことも手伝って、早良親王と藤原種継は不仲だったらしい。ただ、だからといって、「皇太子」の早良が、軽率に大伴氏らの誘いに乗って、藤原種継を殺すだろうか。第一、大伴氏らが事件の主犯だったという正史の記事も鵜《う》呑《の》みにできない。

もし、朝廷側が描いたとおりの事件であったなら、早良親王の祟りを、なぜ恐れる必要があっただろう。祟りは、祟られる側にやましい心があって、はじめて成立するのであって、もし本当に早良親王が謀反の主犯格であったなら、その祟りに怯《おび》えることはなかったはずである。

やはり、早良親王は嵌《は》められてしまった可能性が出てくる。

貧乏クジを引かされる

興味を引かれるのは、早良親王の「女性関係」だ。なぜか藤原の妻を娶《めと》っていない。大伴家持が春宮大夫《とうぐうだいぶ》（皇太子の家政機関の長）であったことも、何か影響したのだろうか。はっきりしたことはわからない。しかし、藤原氏の「政敵はとことん潰す」という性格を考えれば、これは危険きわまりないことだった。

大伴氏の息のかかった天皇が誕生すれば、藤原氏の思いどおりにはいかなくなる。せっかく天武系の厄介な王家を潰し、天智系を復活させた藤原氏が、ここで黙って見ているはずがなかったのである。

天皇の外戚になることで安定した権力の地位を確保しようと画策した藤原氏にとって、早良親王は邪魔で仕方なかっただろう。

この事件によって、大損害を被ったのは、大伴氏と秦氏であった。大伴氏はこののち、応《おう》天門《てんもん》の変（八六六年）でとどめを刺され、再起不能に陥《おちい》るが、秦氏にとっても、藤原種継の死は大きな痛手だった。

くどいようだが、種継の母親が秦氏で、しかも桓武天皇に重用され、新都は秦氏の地元につくられようとしていたのだ。前途洋々とはこのことであった。ところが、頼みの綱である藤原種継が死に、秦氏の目論見も頓挫《とんざ》してしまったのである。

「藤原種継を失った藤原氏も痛手ではないのか」

と、おっしゃるかもしれない。しかし、藤原氏は四つの家に別れ(北家《ほつけ》、南家《なんけ》、式家《しきけ》、京家《きようけ》)、それぞれが覇を競っていた。藤原種継は式家の出で、他の三つの家からすれば、「秦氏とつながって有頂天《うちようてん》になった愚かなヤツ」でしかなかったのではあるまいか。藤原氏全体から見れば、藤原種継は余計なことをしてくれたのである。

藤原種継が安泰なら、早良親王に親しい大伴氏と、藤原種継を後押しする秦氏が、急速に力をつけていくであろうことは、火を見るよりも明らかだった。そして、大伴氏と秦氏、早良親王の三者を同時に潰してしまう妙案が、「大伴氏と早良親王が仕掛ける(という形にした)藤原種継暗殺事件」だったのではなかったか。

すなわち、早良親王の祟りが恐れられたのは、事件がでっち上げだったからで、藤原種継を射殺したのは、「式家以外の藤原氏が送り込んだ刺客」だったのではないかと思えてならない。「その他の藤原氏」が謀略を駆使し、これに桓武天皇が乗ったから、早良親王の祟りに、都中が震え上がったのだろう。

なぜ長岡京遷都にこだわるのかといえば、聖武天皇の大仏造立と桓武天皇の長岡京遷都によって、中央政界に躍り出た秦氏であったのに、この事件後、再び彼らは、下級役人の地位に甘んじていくようになるからだ。

藤原氏が「藤原種継」という犠牲を出しながらでも潰したかったのは、大伴氏と秦氏と、「藤原の息のかかっていない皇太子」であり、そのひとつひとつに理由があって、秦氏の場合、「新羅（あるいは新羅系伽耶）出身」であったことが、ここに至り、致命的だったのではないかと思えてならないのである。

すでに何度も触れたように、筆者は、中臣鎌足は百済王子・豊璋だったと見ている。奈良朝末から平安時代にかけて権力を握った藤原氏は、百済遺民を重用し、新羅を敵視し、蔑視した。もし仮に、「新羅系の秦氏」が台頭すれば、これほど恐ろしいことはない。なにしろ、秦氏は日本における歴史が古く、巨万の富を蓄えている。政治力で藤原氏が勝《まさ》っていても、秦氏の実力を侮《あなど》ることはできない。その秦氏が、経済力だけではなく、政治権力をも握ってしまえば、藤原氏はひとたまりもない。

藤原氏にとって、秦氏は「憎んでも憎みきれない新羅」の人間である。藤原氏が躍起《やっき》になって秦氏を潰しにかかったのは、むしろ当然のことだった。

ことここに至り、秦氏を巡る複雑な図式が、あらためてあぶり出されてくるのである。

太秦の広隆寺の本尊は、聖徳太子三十三歳像で、秦氏のみならず、歴代天皇も、この像を崇め、恐れ続けた。『日本書紀』に従えば、聖徳太子は蘇我系とはいえ、天皇家の英雄として、名声を博した人物だった。この『日本書紀』の証言が正しければ、広隆寺の聖徳太子に対する態度は不自然きわまりない。まさに、聖徳太子三十三歳像は祟り神だからである。

ではなぜ、このような不思議なことが起きるかといえば、聖徳太子は蘇我氏から正義を奪い取るための虚像で、真の改革者は蘇我入鹿であったこと、蘇我入鹿暗殺の実行犯が秦河勝で、秦河勝をそそのかし、操っていたのが、中大兄皇子と中臣鎌足だったからだと、筆者は考える。

光仁天皇以後、王家は天武系から天智系に入れ替わって今日に至る。そして、その天皇を支えてきたのが、藤原氏であった。つまり、乙巳の変で手を組んだ、中大兄皇子（天智天皇）と中臣鎌足のコンビは、その後の朝廷の中枢《ちゅうすう》を独占し続けたのだ。その根源、出発点が、蘇我入鹿暗殺であり、秦氏を含む三者の中で「貧乏くじ」を引かされたのが、秦氏であった。

『日本書紀』は、蘇我氏の手柄をすべて横取りし、その上で、蘇我本宗家を大悪人に仕立て上げた。だから、蘇我入鹿暗殺の手柄も、自分たち（天智系の王家と藤原氏）で独占してしまったのだ。秦氏は、唯一の手柄を奪われた。

その一方で、秦氏は憎まれ役にもなった。それはそうであろう、「神とも神と聞こえ来る常世の神」を殺してしまったのが、秦河勝であった。

もちろん、律令制度の導入が、本当に正しかったのか、判断はつきかねる。律令下の土地制度は、原始的な共産主義で、制度がいずれ破綻することは時間の問題であったし、事実、律令が整備されてしばらくたつと、多くの民は、重税に苦しめられ、「できれば律令制度から逃れたい」と考える者も現われた。農地を手放し、勝手に僧になってしまう（これを優婆塞《うばそく》という）例が、あとを絶たなかった。

民だけではない。各地の神社の神職たちも、「神々が、仏に帰依したいと神託を下してきた」と、訴え出てきた。要するに、神社も律令システムに組み込まれていたが、そこから逃げ出したかったのだ。

だから、秦氏の言い分にも耳を傾ける必要はあるし、蘇我氏の改革事業のすべてが正しかったわけでもないだろう。けれども、少なくとも、「世直し」をすすめていた蘇我氏に対する民の熱狂は、いくつかの傍証からうかがい知ることができる。

たとえば、「蘇我入鹿を滅ぼした古代史の英雄＝中大兄皇子」に対して、民衆は冷ややかだった。とくに、白村江の戦いに猪突し、近江遷都を強行すると、非難囂々《ごうごう》、宮はたびたび燃えた。中大兄皇子はようやく即位し、天皇になったが、結局、蘇我氏の協力を得なければ、政局を運営することはできなかった。だから、親蘇我派の中心人物である弟・大海人皇子を皇太子に指名せざるを得なかったのだ。天智朝は、妥協の政権であり、それはなぜかといえば、蘇我入鹿を滅ぼした天智天皇と藤原氏が不人気だったからだろう。

さらに、近江朝に命を狙われた大海人皇子が、裸一貫で東国に逃れたにもかかわらず、圧倒的な勝利を収め、天武天皇として独裁権力を握り、一気に律令整備に奔走《ほんそう》できたのは、この人物が蘇我氏とつながっていたからだ。

このように、蘇我氏の世直し事業が多くの人々の支持を受けていたことは、間違いない。そして、ここが大切なことなのだが、蘇我入鹿を殺したことで、秦河勝は重い十字架を背負ったのである。

入鹿殺しの負い目から、権力にすり寄って生きる

ただ、秦河勝に弁明の余地は残されている。

すでに触れたように、秦氏は古くから日本列島にやってきて、巧みな土木技術を駆使し、堰をつくり、灌漑施設を設け、殖産につとめ、朝廷に富をもたらした。それにもかかわらず、彼らは「渡来系」ゆえに強い政治力を持つことを許されなかった。その一方で、最先端の知識と技術を携えた渡来人が、次々に押し寄せるようになると、しだいに秦氏の影は、薄くなっていった。

秦河勝には、焦《あせ》りがあったのだろう。律令制度が整備されれば、これまでのような富を産み出す方程式は、崩れ去る。政治家としての地位は低かったのだから、官位と役職も期待できない。秦氏の大所帯を束ねる秦河勝は、不安でたまらなかっただろう。

乙巳の変の直前の『日本書紀』の記事に、中大兄皇子と中臣鎌足が、

「ことを成すには、味方が必要だ」

と述べる件《くだり》がある。ここで秦河勝の名は出てこないが、実際には、中大兄皇子と中臣鎌足は、不安と不満を抱く秦河勝に近寄っていったのだろう。

「これだけ王家に富を吸い取られ、どんな見返りがあったのだ。律令が整えば、これまでの努力さえも、無駄になるのですぞ……。もし蘇我氏を倒し、われわれが政権を奪えば、あなたを重用しますぞ」

まったく憶測だが、秦河勝は、中大兄皇子らの誘いに、飛びついたのではなかったか。

しかし、代償は大きかった。

他の拙著の中で述べたように、蘇我本宗家滅亡後、想像以上に蘇我氏の権威は、長く保たれたのだった。蘇我氏の影響力が政界から排除される事件は、平城京遷都のあと、和銅《わどう》六年（七一三）の石川《いしかわの》（蘇我）刀子娘《とねのいらつめ》貶黜《へんちゆつ》事件（文武天皇の嬪《ひん》＝キサキとなるも、のちにその称号の使用を剝奪《はくだつ》される）であった。それまで、藤原氏は蘇我氏の権威を凌駕《りようが》できなかったのである。

この間、秦氏は「入鹿殺し」のレッテルを貼られたまま、肩身の狭い思いをしていたであろう。くどいようだが、蘇我入鹿は、聖徳太子のように、多くの人々に慕われた偉人であり、だからこそ入鹿殺しの黒幕たちは、『日本書紀』を記し、躍起になって事実を裏返したのである。

実際、秦氏が中央政界で重用されるのは、このあとからだった。すでに触れたように、聖武天皇の大仏造立と桓武天皇の長岡京遷都で、秦氏は失地回復を目指した。

けれども、秦氏は「あざとい」手口も使った。

宝亀《ほうき》三年（七七二）以来、山背国の秦忌寸刀自女《いみきとじめ》らが桓武天皇のために毎年春と秋の二回、「悔過修福《けかしゅふく》」を祈る儀式を行なっていたという。この「宝亀三年」というのがミソで、井上内親王が藤原氏の陰謀で、皇后位を剝奪された年である。

天武の王家は称徳天皇のあと天智系の光仁天皇に入れ替わったが、天武系の皇族や豪族に対する配慮からだろう、正妃（皇后）の地位には、天武系の井上内親王がおさまり、子の他戸親王が立太子していた。ところが、井上内親王は天皇を呪ったとして、皇后位を剝奪され、さらに他戸親王ともども、厭魅呪詛《えんみじゅそ》の罪で幽閉され、母子同じ日に亡くなられた。藤原氏の陰謀だったらしく、のちに母子は祟ると信じられ、恐れられたのである。

つまり、藤原氏はとことん「天武系」（蘇我系）を毛嫌いし、憎んでいたのであって、また、この事件によって、桓武天皇は立太子できたのだった。秦氏が桓武天皇に近づいていったのは、ちょうどこのころだった。

つまり、秦氏は、井上内親王と他戸親王の悲劇を横目に、藤原氏と桓武天皇にすり寄っていたわけで、ここに秦氏の「生き残りにかける執念と貪欲《どんよく》さ」を感じずにはいられないのである。

だからといって、秦氏を責める気持ちは、さらさらない。権力者にすり寄らなければ生きていけないな悲しい定めを、秦氏は負っていたからである。

秦氏は、藤原種継が殺された時に、ようやく気付いたのではなかったか。それは、藤原氏の権力に対する（異常なまでの）執着の強さ、他者との共存を絶対に認めない非人間性である。そして、藤原氏は『日本書紀』の中で、聖者殺しを悪人退治にすり替え、手柄を横取りする一方で、秦氏に「聖者殺しの十字架」を背負わせたのだった。

そして、奈良時代末期から平安時代にかけて、百済系の藤原氏が権力を握ってしまったところに、秦氏の悲劇は隠されていた。新羅を蔑視する百済系政権が続いたことによって、新羅系渡来人で蘇我入鹿殺しの十字架を背負う秦氏は、悲しい一族になっていった。

やがて秦氏の末裔は、政治力をまったく失い、最下層の人々とともに、生きていくようになっていく。思い返せば、分岐点は、蘇我入鹿暗殺であった。秦氏の末裔は、秦河勝の行動を「悔やんでも悔やみきれない」と呪っただろう。

中大兄皇子と中臣鎌足の甘い言葉に乗って、秦河勝はあろうことか、「藤原氏繁栄のお膳《ぜん》立《だ》て」をしてしまったのだ。挙げ句の果てに、聖者殺しの烙印《らくいん》を押され、十世紀になると、差別的な待遇を受けるようになっていくのである。

庶民の心をとらえた秦氏

ではなぜ、秦氏の八幡信仰や稲荷信仰を、日本人は受け入れていったのだろう。答えは、いたって簡単だと思う。

そもそも、『日本書紀』や『古事記』の神話を、一般庶民は読んだこともなかったはずだ。まして、八世紀に成立した『日本書紀』の神話は、「律令体制の中で、いかに効率よく税を吸い取ることができるか」、その「理論武装」をするための道具でもあった。つまり、国家の構築した神話や神道は、庶民の信仰とはかけ離れた存在なのだった。

仏教も、似たり寄ったりだ。この時代、仏典やお経を読める人は、ほんの一握りの支配者層だけで、その意味を理解するものは、ほとんどいなかっただろう。日本人は、多神教的世界に浸《つ》かっていて、現世利益《げんせりやく》を求めた。これは、低俗な信仰なのではなく、自然災害の続く人々に「絶対の正義」は、かえって理解し難かった。

問題は、渡来人が果たした役割である。

彼らは、理念を称《とな》えるのではなく、現実をひとつずつ変えていった。堤を築き、橋をかけ、水を引っ張り、開墾をしてくれた。庶民にとって、目に見える形で利益をもたらし、救済してくれたのが「渡来人が伝える技術と知識」であった。

それは、秦氏だけではなく、やはり渡来系の行基《ぎょうき》の活躍にも見られることだった。高い技術力を駆使して、行基は貧しい人々を救済する施設を、各地に展開した。

律令からはじき飛ばされ、それこそ、「後の時代に蔑まれていくような人々」が行基を慕ったように、苦しむ民、貧しい民の多くは、秦氏の持つ技術に救われ、だからこそ、稲荷神や八幡神を崇拝していく下地が出来上がっていったのであろう。高尚な哲学や宗教観など、彼らは求めていなかった。鎌倉仏教を秦氏の末裔の法然が立ち上げていったのも、このような歴史に裏打ちされていたからと、思い至るのである。

そして、世阿弥が大切な同族をあえて鬼呼ばわりしたところには、「増え続けるお稲荷さん」の秘密が隠されているように思えてならない。貶《おとし》められ、差別され、有力氏族の地位から最下層まで落ちた彼らは、世間を恨み、また逆手に取り、「われわれは、鬼だ」と、開き直ることによって、生きるすべを見出したのだろう。

よくよく考えれば、多神教世界において、「鬼は鬼」であり、さらに、人々を苦しめ、恐れさせる「鬼」を退治できるのは、「鬼と同等の力を持った鬼」でなければならなかった。秦氏の末裔は、鬼あつかいされたのだから、逆に考えれば、鬼を退治する力をも獲得したのである。

「後戸の神」や「宿神」が、祟る恐ろしい神で、障礙神であるとともに、一方で守護神に変化するのは、「鬼と神」の道理そのものである。

また、「後戸の神」とは、すでに述べたように北極星なのであり、この存在は、「すべての根源」であり、「宇宙、万物の中心」に位置していた。すなわち、最上の神であって、それを秦氏は、「宿神」「後戸の神」と呼んで、正体を隠した。みなが拝んでいる仏の裏側（後戸）に回り、「本当に鬼を退治しこの世を動かすことができるのは、われわれなのだ」と、ほくそ笑んでいたのかもしれない。彼らの「裏側からの力、圧力」は、「権力者に対する脅し」であり、蔑まれながらも、隠然たる力を維持することに、彼らは成功したのであろう。

秦氏は「鬼の中の鬼」に落ちていったが、彼らの「呪う力」は、「呪う力を払う力」ともなって、権力者に頼られるようにもなったのだ。だからこそ世阿弥は、「秦河勝は鬼」と、喧伝してみせたのだろう。

秦氏は有力氏族の地位から最下層に落とされたが、目に見えぬ力を獲得したのだ。いや、零落したからこそ、権力者を恐れさせたのだ。開き直った鬼ほど恐ろしいものはない。「秦河勝が鬼」ということは、「(秦河勝の子孫である)私たちも、恐ろしい、蔑まれる鬼」と表明していることに他ならない。ここに、「何も恐れるもののない者たち」の凄みを感じるのである。

そして、鬼が祀り、広めたからこそ稲荷神は、「正体はわからないが、恐ろしくてありがたい」と、庶民に受け入れられていったのだろう。権威に裏打ちされた記紀神話の神々よりも、「本当に恐ろしい鬼」を、人々は本能的に選びとったにちがいないのである。

稲荷社が増殖する一方で、「祠《ほこら》を移動しただけでも祟られる」と人々が信じてやまなかったのは、理屈では説明できない恐ろしさを、稲荷信仰に感じとっていたからだろう。

秦氏が、太子信仰を広められたのは、秦氏の開き直りの結果であった。このことは、広隆寺の聖徳太子三十三歳像を見れば、その意味がわかる。

なぜ秦氏が聖徳太子三十三歳像を祀ったかといえば、次のような事情からだろう。「天皇家と藤原氏の悪事＝蘇我入鹿殺し」は、聖徳太子という虚像を創作することによって、闇に葬られた。しかし、「実行犯は真相をさらけ出す可能性があった」のだ。

それは、有《あ》り体《てい》にいえば、「ゆすり、たかり」の類《たぐい》である。

高貴で神聖な王にとって、過去の汚れた手は、できれば拭《ぬぐ》い去りたい。秦氏は、「やれ」といわれて、「殺した男」であり、しかも、「事件はなかったこと」にされてしまったが、事件の真相を一番よく知っているのも秦氏であった。彼らは、その「知っている」ことを逆手に取り、天智天皇（中大兄皇子）の末裔の王家に対し、「真相は黙っているから、一緒に聖徳太子を祀ろう」と、持ちかけたのだろう。やはりこれは、「脅し」であり、震え上がったのは天皇家だけではなく、藤原氏も同様である。

穿《うが》った見方をすれば、秦氏が聖徳太子信仰を広め、最下層の人々に支持されていったのは、この「権力者に対する脅しの材料」を拡散する目的があったのだろう。

こうして、太子信仰のみならず、稲荷信仰、八幡信仰、法然の念仏信仰、猿楽（能）などといった庶民の宗教文化の中に、秦氏の「裏側からの力」が今に息づくこととなったのだろう。

切りとり線

★読者のみなさまにお願い

この本をお読みになって、どんな感想をお持ちでしょうか。祥伝社のホームページから書評をお送りいただけたら、ありがたく存じます。今後の企画の参考にさせていただきます。また、次ページの原稿用紙を切り取り、左記まで郵送していただいても結構です。

お寄せいただいた書評は、ご了解のうえ新聞・雑誌などを通じて紹介させていただくこともあります。採用の場合は、特製図書カードを差しあげます。

なお、ご記入いただいたお名前、ご住所、ご連絡先等は、書評紹介の事前了解、謝礼のお届け以外の目的で利用することはありません。また、それらの情報を6カ月を越えて保管することもありません。

〒101-8701（お手紙は郵便番号だけで届きます）
祥伝社新書編集部
電話03（3265）2310
祥伝社ホームページ　http://www.shodensha.co.jp/bookreview/

★本書の購買動機（新聞名か雑誌名、あるいは○をつけてください）

＿＿＿＿新聞の広告を見て	＿＿＿＿誌の広告を見て	＿＿＿＿新聞の書評を見て	＿＿＿＿誌の書評を見て	書店で見かけて	知人のすすめで

★100字書評……寺社が語る　秦氏の正体

名前

住所

年齢

職業

関 裕二　せき・ゆうじ

1959年、千葉県生まれ。歴史作家。日本古代史を中心にユニークな視点から執筆活動を続けている。著書は、『神社が語る　古代12氏族の正体』『信濃が語る　古代氏族と天皇』『源氏と平家の誕生』（以上、祥伝社新書）、『古代史で読みとく　桃太郎の謎』『古代史で読みとく　かぐや姫の謎』（ともに祥伝社黄金文庫）、『神武天皇vs.卑弥呼――ヤマト建国を推理する』（新潮新書）など多数。
本書は単行本『伏見稲荷の暗号　秦氏の謎』（講談社）を改題し、新書化した。

寺社《じしゃ》が語《かた》る　秦氏《はたし》の正体《しょうたい》

関《せき》　裕二《ゆうじ》

2018年11月10日　初版第１刷発行

発行者……………辻　浩明
発行所……………祥伝社しょうでんしゃ
〒101-8701　東京都千代田区神田神保町3-3
電話　03(3265)2081(販売部)
電話　03(3265)2310(編集部)
電話　03(3265)3622(業務部)
ホームページ　http://www.shodensha.co.jp/

装丁者……………盛川和洋
印刷所……………萩原印刷
製本所……………ナショナル製本

Printed in Japan　ISBN978-4-396-11553-1　C0221